スポーツの品格

桑田真澄
Kuwata Masumi

佐山和夫
Sayama Kazuo

a pilot of wisdom

目次

はじめに

桑田真澄

二〇一三年が明けてすぐ、スポーツ界は暗い話題に覆われました。学校現場での「体罰」が事件として大々的に報道され、それをきっかけに、いくつかの競技における「体罰」や「暴力」の実態が明るみに出されることになったのです。

当時、僕はいくつかのメディアから取材を受け、「体罰はよくない。必要ない」という持論をはっきりと述べたのですが、それに対して、さまざまな反響をいただきました。僕の主張への賛同もたくさん寄せられましたが、その一方で、「なぜ、桑田が急にそんなことを言い出すのだ」というような声もありました。

本書の内容から理解していただけると思いますが、僕は、「体罰」や「暴力」について唐突に発言したわけではありません。それまでもずっと、こうした問題についてメッセージを発信していたのです。

自分が選手だった時代から「こんなことはおかしい。やめるべきだ」と考え、発言してきました。また、早稲田大学大学院で書いた修士論文では、現役選手へのアンケートを行なって、体罰問題を論じました。出演していたテレビ番組で、体罰について取り上げたこともあります。でも、誰も振り向いてくれませんでした。体罰が「社会問題」になって、やっと気が付いてくれたということです。

僕は、教育者ではありません。あくまでも、元スポーツ選手という立場です。したがって、僕の主張も、スポーツマンとしての実感に基づいたものです。

本書で詳しく述べていますが、僕自身、野球というスポーツの現場で「体罰」や「理不尽な説教」を受けてきました。僕は、そういうことがずっと嫌で仕方なかった。なぜ嫌だったかと言うと、スポーツに携わる者が最もやってはいけない行為だと思ってきたからです。

スポーツとは、正々堂々とフェアに戦うものです。したがって、いわゆる「暴力」からは、いちばん遠いものでなければならない。

また、スポーツとは、同じルールを共有して対等な立場で戦うものです。したがって、指導者だから、先輩だから……という理由で、理不尽な行為が許されていいはずがない。

僕の原点にあるのは、そういう強い思いなのです。

「スポーツマンシップ」とか「フェアプレイ」といった言葉があります。言葉自体は、誰でも知っています。でも僕の実感では、スポーツを行なう現場で、そういう言葉が口にされることは、ほとんどなかったと言っていいと思います。そういう言葉は最初から神棚に祀《まつ》り上げられていて、誰も口にしないし、実践しない。

　これまでの時代だったら、それでよかったのかもしれません。でも、これからの時代は、それではいけない。僕はそう考えています。

　スポーツの世界は、どんどん進化しています。競技自体のレベルも進化しているし、スポーツ医科学の知見も進化しているし、道具も進化している。唯一、進化していないのが、指導者が若い選手に接する際の指導理念なのではないかと思います。

　僕は、昔の指導者や先輩から受けた行為が嫌だったけれど、その方々を恨んでいるわけではありません。当時は、それがごく当たり前のやり方だったのです。でも、「いまの時代に同じやり方をやっていてはダメですよ」というのが僕の考えです。スポーツの進化や社会の変化に、全然、追いついていないからです。

スポーツをプレイする人だけでなく、見る人にとっても、時代とともにスポーツを取り巻く環境は大きく変化しました。

昔は情報源が少なかったし、ある意味、単純な時代だったと思います。選手のプレイを見て、素朴に楽しんでいる人が大半だったのではないでしょうか。でも、いまはそういう時代ではありません。もちろんプレイも大事だけれど、それと同時に、個々の選手のバックグラウンドも大事なのです。

見る人は、選手やチームに関して、さまざまな情報を得たうえでプレイを見るわけです。そのときに、裏で卑怯《ひきょう》なことをしている人、スポーツマンらしくない振る舞いをしている人のプレイを見て、感動するでしょうか。たとえば、メジャーリーグのスーパースターで、禁止薬物のステロイド常用疑惑をかけられている選手がいます。その選手が出てくると、スタンドからものすごいブーイングが起こる。彼は成績だけ見たらすごい選手かもしれないけれど、スポーツマンらしくない——という、見る人の思いがそこにあるからです。

本書では、「勝利至上主義」の弊害についても論じています。

スポーツは結果だ、と言います。勝てば官軍、とも言います。でも、本当にそうでしょうか。

もちろん結果も大事ですが、結果がスポーツのすべてではありません。なぜなら、結果がすべてだったら、勝者しかスポーツを楽しむことができないからです。どんな競技でも、勝者になるのはほんの一握りで、ほとんどの選手やチームは敗者になってしまいます。それなのに、これほど多くの人々がスポーツを楽しんでいる。この事実が、スポーツは結果だけではない、ということを物語っていると思うのです。

たとえば、万年最下位のチームにファンがいないかといったら、そんなことはないでしょう。彼らは結果に対しては残念な思いをしているけれど、結果に至るプロセスを楽しんでいるのです。

結果とプロセス。この二つを両立し、この二つの価値をともに追い求めていくことこそが、スポーツの楽しみ、喜び、魅力につながっていくと僕は考えています。見る人もそういう思いで見てほしいし、選手も、そういうところを見られているんだ、と意識しながらプレイしてほしい。本書には、そんな願いも込められています。

佐山和夫さんとの対談書は、『野球道』（ちくま新書、二〇一一年）に次いで二冊目になります。

佐山さんは、僕の先生というべき人です。日本とアメリカの野球史に精通していらっしゃるし、ニグロリーグ（かつてアメリカに存在した、黒人だけの野球リーグ）など、歴史の埋もれた側面についても豊富な知識をお持ちです。また、書物や人から得た情報だけでなく、実際にご自身で現場へ行って、自分の目で見て、自分の足で歩いて、歴史を吸収されている方です。

今回、あらためて佐山さんとじっくり話をしてみたいと思ったのは、「現在を知るためには、歴史を知らなくてはならない」という僕なりの思いがあったからです。

いまある問題にどのように対処すればいいのか。これからどうしていけばいいのか。どうあるべきなのか。そういうことを考えていくには、現在の状況だけを見るのではなくて、歴史を踏まえたうえで考えなくてはならない。

日本の野球選手は、高校生くらいまでの競技レベルは世界一と言っていいほどです。その理由は、指導者が過剰な練習量を選手に課すからです。しかし、成長期にたくさん練習することによって、故障や持病持ちになってしまったり、あるいは精神的に燃え尽きたりして、成長が止まってしまう。そういう選手を、僕は何人も見てきました。

こういう現状について考えるうえでも、歴史を知る必要があるのです。

日本に野球というものが普及した当時は、「野球は大学で終わり」でした。大学を出てしまったら、もう野球をやる場所がありませんでした。ですから、学生時代に壊れてしまっても構わないということで、猛烈な練習をやる習慣が出来上がってしまった。

いまは、そんなことはありません。社会人野球もあるし、独立リーグもある。もちろんプロ野球があるし、さらにはメジャーリーグだってある。当時とはまったく環境が違うのです。僕が「時代に合わせて指導方法も進化しなくてはならない」と言うのは、そういうことなのです。それなのに、少年野球や学生野球の指導現場では、草創期に確立された古い感覚、あるいは戦中戦後に誤解されて伝わった精神を、いまだに引きずっている。

そろそろ、そういう感覚を変えていかなくてはなりません。僕は、その動きを後押ししてくれるような「同志」を、一人でも多くつくりたい。それによって、本当に「スポーツらしいスポーツの姿」が実現できると思っているのです。

本書を読んでいただいた方々が、そんな「同志」になっていただけることを、僕は願っています。

佐山和夫氏、桑田真澄氏

写真＝共同通信（19、82、151ページを除く）

第一章　「暴力」との決別

体罰否定の根底は自身の体験

佐山　桑田さんと、あらためてじっくり話をしたいと思ったきっかけは、スポーツ界の「暴力」「体罰」問題が大きく報じられる中で、桑田さんが元選手という立場で、いち早く声をあげられたことです。デリケートな問題だから口をつぐむスポーツ関係者が多かったのですが、桑田さんは積極的にメディアの取材に応じて、明確な「体罰否定論」を展開されていました。

　桑田さんは、なぜ「暴力」や「体罰」の問題に、ここまでビビッドに反応されるのか。その背景にあるご自身の体験や考え方について、まずうかがいたい。そこから出発して、「暴力」や「体罰」につながってしまうスポーツ界の根本的な問題を論じ合い、最後に、これまでの悪習から脱却できるような「新しいスポーツ観」を構築するにはどうすればいいか、提言をしていただければと考えています。

桑田　こちらこそ、よろしくお願いします。

佐山　桑田さんの「体罰否定論」の根底にあるのは、やはり自分自身の体験ですか。

桑田　そうです。僕自身、暴力や体罰を受けてきました。だから、暴力や体罰といったことは、それを見るのも、そういうことがあったと聞くのも嫌なんです。

最初に殴られたのは、小学校三年生でソフトボールチームに入ったときです。そのときは、監督じゃなく先輩からやられましたね。殴られるのが怖いから練習へ行かなくなったら、六年生たちが家まで来るんです。要するに殴り込みですね。僕の家を取り囲んで「おーい、桑田、出てこい！」と外で叫んでるわけですよ。出ていったらボコボコにやられるから、家の中で震えていました。そんなこともあって、チームをやめてしまったんです。

佐山　お母さんが「やめてくれ」とおっしゃったんでしょう。

桑田　はい。でも、やっぱり野球がやりたくて、次に硬式野球のクラブチームに入りました。ここでは、指導者からですね。もう、殴られない日がないんですよ。

佐山　それは桑田さんだけ殴られるの。それとも全員？

桑田　全員です。野球の練習は、まずウォーミングアップして、ランニングして、キャッチボールして、ノックという順に進んでいきますよね。ところが、ノックが始まる前には、いつも顔が腫《は》れあがっていましたから。

佐山　その段階で、すでに殴られているわけだ。でも、そういう場合、指導者はどういう理由付けで子どもたちを殴るんですか。

桑田　連帯責任です。たとえば、ランニングをしますね。グラウンドを一周走ったら、「おい止まれ。全員、歯を食いしばれ」と言って、右から順番にバーッと殴られていくんですよ。「二人くらい足が揃《そろ》ってなかった」などという、些細《ささい》な理由です。しばらく走っていたらまた止められて、「今度は手の振り方が揃っていない」と言って、同じように殴られるわけです。そのチームは、たまたま自衛隊の広場で練習をしていたのですが、僕たちはまるで軍隊に入れられたような気持ちで野球をしていました。

後輩のエースへの嫉妬《しっと》

桑田　そのときの指導者は、大学の野球部に在籍している人でした。つまり、自分が大学までずっとやられていたのと同じことを、そのまま小学生の僕たちにやっていたと思うんです。「体罰は連鎖する」という言い方がありますけど、絶対、そうだと思います。

佐山　桑田さんは二〇一〇年三月に早稲田大学大学院スポーツ科学研究科を修了されましたが、そのときお書きになった論文「『野球道』の再定義による日本野球界のさらなる発展策に関する研究」で、すでに体罰の問題を取り上げておられました。確か、現役のプロ野球選手と東京六大学の野球部員にアンケートを取られたのですね。

桑田　そうです。プロと六大学の選手、合計五四七人にアンケートをしました。その結果は、「指導者から体罰を受けた」ことがある選手は中学で四六％、高校で四七％。「先輩から体罰を受けた」ことがあるのは中学で三六％、高校で五一％。

佐山　高校のほうが、数字が上がるんですね。ただ桑田さんは、「自分は高校に入ってからは殴られなかった」とおっしゃっている。裏を返せば、中学までは殴られていたということになりますが。

桑田　中学のときは、先輩ですね。というのは、いきなり一年生でエースになったんですよ。

佐山　嫉妬ですか。

桑田　練習前に、先輩が部室に呼ぶんです。「桑田、ちょっと来い」って。行くと、太ももの横側を膝《ひざ》で蹴《け》られる。「おまえ、偉そうにしやがって」「ええ格好しやがって」とか言いながら。もう歩けないくらい痛いんですけど、それでも僕は、絶対に負けない、誰からも一目置かれるようなピッチャーになろうと思って、ずっとその先輩からやられ続けましたけど、耐えていました。そうこうするうちに、二カ月くらいしたら、「もうかなわないな」と思ったんでしょう。中二になってからは、暴力や体罰を受けることはなくなりました。ＰＬ学園に入ってからも、殴られることはありませんでした。

清原はホームランを打ったのに泣いていた

佐山　でも、ＰＬ学園の野球部に体罰がなかったわけではないでしょう。

桑田　ありました。ＰＬ学園では寮生活ですから、一年生は午後一〇時までに皿洗いや風呂掃除などをすませておかないと、寮長に怒られるわけです。よく連帯責任で一年生が集められて説教されたんですけど、全員が説教されていると、寮の雑用をやる人間がいなくなってしまう。そういう事情もあって、「桑田、おまえはいいから皿洗ってこい」とか「風呂掃除してこい」と言われることが多かったですね。だから、ほかの一年が説教されているときに、僕は六〇人分の皿を洗ったり、一人で大浴場を掃除したりしていました。

佐山　そういうときに、たとえば清原和博さんは説教される中にいたんですか。

桑田　いましたよ。

佐山　ということは、桑田さんは一年だけどエースだから免除されていたというわけではないんですね。清原さんだって一年で四番打者だったわけだから。

桑田　そうです。逆に、清原君なんかはホームランを打ったら先輩からにらまれるんです。

佐山　それもひどい話だなあ。でも、中学時代の桑田さんと一緒で、そこにも嫉妬があるのでしょうね。

桑田　先輩に「ホームラン打つなよ」と言われて。仕方ないので、彼は流し打ちばかりしていました。レフトへ引っ張るとホームランになるから、わざとライト方向へ打つ。でも、そうやっているうちにライト方向の飛距離が伸びて、結局、ホームランになる。「おまえ、打つなと言ったのに、またか！」ってね。普通は、ホームランを打ったら喜んでベースを回るじゃないですか。でも、彼は泣きながら回っていましたからね。

桑田、清原のＫＫコンビは、１年生からＰＬ学園の
エースと４番だった

佐山　逆の立場から言うと、私は、ＰＬで桑田さんや清原さんの後輩だった立浪《たつなみ》（和義）選手と片岡（篤史《あつし》）選手のお話を読んだことがあります。それによると、確かに、桑田さんは殴ったりしない先輩だった。ただし「いちばん怖かったのは桑田さんだった」と語っておられました（笑）。彼らが言うには、エラーをしても殴られないけれど、その代わり、「もう、エラーすんなよ」とやんわり言われる。そのひと言のほうが、鉄拳《てっけん》制裁よりずっと怖かったというんですね。

桑田　殴ったり蹴ったりするよりも、やっぱり言葉ですよね。野球の厳しさを伝えるには、いつ、どういう言葉をかけるべきなのか。高校生の当時から、コミュニケーションが大事だというふうに思っていました。

体罰を否定すると、自分の成功体験も否定される？

桑田　ただ、いまでも、「体罰はつらかったけれど、そういうつらい体験をしたから強くなった」という考え方は根強くあります。

佐山　清原さんも、テレビでコメントを求められたときに、そういう意味のことをおっしやっていましたね。

桑田　僕は、本人の実力と〝体罰以外の練習〟がプロ野球選手をつくりあげたのであって、体罰とはまったく関係ないと信じているのですが、ほとんどの選手はそういうふうに思いたいのでしょう。

佐山　それはこういうことだと思うんです。

　清原さんは言うまでもなく野球選手として成功した人だし、桑田さんがアンケートを取った現役のプロ野球選手と東京六大学の野球部員も、言ってみれば、野球という世界のエリートコースに入ることができた人たちです。そういう人たちは、自分の成功体験の中に、暴力とか体罰という要素が含まれてしまっているのですね。誰だって、自分の過去は是認したいですから、暴力や体罰を否定することは、自らの成功体験を否定することのように感じてしまうのではないですか。

桑田　そうですね。暴力を否定すると、自分たちも否定されてしまう。

　先ほど触れていただいた、僕が大学院で論文を書いたときに取ったアンケートでも、「体罰は必要」「ときとして必要」という回答の合計が八三％でした。

佐山　八三％ですか。それは、ショッキングな数字ですね。

桑田　しかも、いまの現役の選手たちですからね。僕たちの時代だったら、もっと多いはずです。時代の変化に応じて、「体罰は必要」と考える人は年々減ってきているはずなのに、この数字です。「減少傾向にある中で、まだ八三％もいる」と、僕は深刻にとらえています。この現実を直視しなくてはなりません。

佐山　文部科学省が、調査報告を出したでしょう（「体罰の実態把握について」第一次報告。二〇一三年四月二六日）。全国の小学校、中学校、高校（通信制を除く）、中等教育学校、特別支援学校を対象に、二〇一二年の四月から二〇一三年の一月までに発生した体罰の実態をアンケート調査したものですが、それによると、公立学校での体罰の発生学校数は七五二、発生件数は八四〇、被害を受けた児童・生徒の人数は一八九〇人。発生件数は、前年度の倍だったというのですね。

桑田　それらの数字は、どうとらえればいいんですか。

佐山　「ハインリッヒの法則」をご存知ですか。労働災害における経験則なのですが、一つの重大事故の背後には、それほど大きくはないが同じ原因の事故が二九ある。さらにその背後には、大事には至らなかったもののヒヤリとしたことが三〇〇ある——というものです。

この法則がスポーツの世界や教育現場にそのまま当てはまるとは断言できませんが、文部科学省が出してきた数字の背後には、数値化されない厖大《ぼうだい》な数の事例がひそんでいると思われるし、そうとらえるべきだと思います。

いい目的と、悪い手段

佐山　「目的は手段を正当化する」、“The end justifies the means”という言葉があります。ここでの話に即して言えば、目的はスポーツの世界で成功することであり、そのための手段が暴力ということになります。このように、目的はいいんだけど手段は悪い、ということは実際にあるわけですね。もちろん、その逆もある。

　我々は、目的と手段の両方をつねに冷静に考えなくてはいけないのですが、人間というのは、目的さえよければ……と、どうしても手段を「正当化」してしまうんですね。

桑田　当時の監督やコーチや先輩がダメだったのか、ひどい人ばかりだったのかというと、そうではありません。ここが大事なところです。当時はそれが正解だったんです。それが当たり前であり、正しい指導方法だった。だから、我々の先輩である彼らを批判してもしょうがないんです。

やはり論文を書いたときに調査したのですが、一九七〇年代に、進学する際の内申書や調査書に、クラブ活動の成績などを書く欄ができたそうです。だから親も、「クラブの成績がよければいいところに進学できるのだから、少々殴られても我慢しなさい」というふうになっていっただろうし、学校側も、進学の実績をつくったほうが有利だから、厳しい先生でも黙認してしまう。むしろ、そういう先生が学校の名前を上げていってくれた。そういう時代背景があったと思います。

僕は「体罰はダメ」と言います。でも、それは昔に遡《さかのぼ》ってすべてを否定するという意味ではありません。当時は正しかったかもしれないけれど、でも、いまの時代はダメですよ、違いますよ、ということを僕は言いたいのです。

佐山　目的と手段の話で言えば、私がいろいろな高校の現場を見てきて思うのは、指導者は二つの目的を持たなければいけないということです。近い目的と、遠い目的。

たとえば、お世辞にも強いチームではないのに、「甲子園に出るぞ！」という目的を掲げて選手を叱咤《しった》する指導者がいます。その目的は確かに尊いですよ。尊いけれど、客観的に見て、そのチームにとっては「遠い目的」と言わざるをえない。それはそれとして、「今回はまずここまでいこうじゃないか」というような「近い目的」も提示してあげるべきだと思う。究極的にはここを目指すけれど、そのためには、いまはこういうことをクリアしなくてはならない。そのための手段はこれだ、というふうに指導していかないといけない。難しい作業だけれど、桑田さんがおっしゃるように、これからの指導者にはそういうことが求められると思います。

桑田　言い方を換えれば、スタート地点と中間地点とゴールを、指導者と選手が共有しなければならないということですね。指導者のゴールだけを掲げていてもダメだということです。それをやっていくと「手段」を選ばなくなって、あとで論じる「勝利至上主義」につながっていくことになるからです。

「スポーツ」「コーチ」の語源

佐山　桑田さんは「体罰があると自主性が損なわれる」ともおっしゃっていますが、まったく同感ですね。

少し話がそれるかもしれませんが、オリンピックなどに出る選手が、よく「試合を楽しみたい」と言いますね。でも、スポーツの試合を楽しもうと思ったら、結果が出なければ全然楽しくないですよ。

桑田　そうです。勝たないと楽しくない。

佐山　野球のピッチャーだったら、相手のバッターを抑えることができなければ、楽しくないでしょう。そうすると、楽しむためには、楽しめるだけの能力をつけなさいということになる。能力をつけるためには、努力しなければならない。桑田さんがよく口にされる「努力することの楽しさ」というのはまさにここで、「この能力を身につけたら、あいつを三振に取れる」と思って努力するから楽しいわけでしょう。それは、努力する本人が自分でそう思わなきゃいけない。

それに対して、指導者に「おまえはこういうふうにやれ」と頭を叩《たた》かれて〝やらされる〟努力というのは、楽しくもなんともない。それどころか、本人にはやる気があったのに、それを潰《つぶ》してしまうかもしれない。

桑田　僕は指導者の方とお話をするときに、まず「スポーツの語源は何か、というところから考えてください」と言うんです。

スポーツ＝sportsという言葉の成り立ちを遡っていくと、disportという言葉が出てきます。この言葉は、「楽しみ」「遊び」「気晴らし」という意味です。だから「スポーツというのは、自ら進んで楽しもうという意志をもってやるもので、人に指示されてとか、殴られてとか、怒鳴られてやるというのはスポーツではありません」という話をするのです。

佐山　ものすごく大事なポイントですね。それは単に指導者と選手との関係にとどまらない。セカンドキャリア（スポーツ選手の現役引退後の人生設計）の問題にもかかわってきます。若いときに、指示され、殴られ、怒鳴られて、「やれ」と言われたことしかやらなかった人間に、有意義なセカンドキャリアを見つけられるはずがない。見つけられる能力を身につけてこなかったからです。

そういう能力を育てるのが指導者だというふうに考えれば、まず、いかにして「楽しむための能力」をつけさせてやるかに傾注するべきでしょう。本人が自分から努力するような方向に導いてあげないといけない。

桑田　僕はもう一つ、語源の話をします。指導者というのは、英語でコーチですね。じゃあ、コーチの語源は皆さんご存知ですか、と。

　コーチというのはハンガリーのコチ（kocs）という町の名が由来で、その町で四輪馬車が最初につくられたことから、馬車を意味する語が「kocsi」になり、英語で「coach」になったわけです。転じて、スポーツなどの指導者もコーチ＝coachと呼ばれるようになったんですね。そこには、「大切な人を目的地まで送り届ける」という意味が込められています。要するに「伴走者」ですよ。だから、怒鳴ったり殴ったりして言うことを聞かせるのではなく、ともに悩み考え、苦しみ喜ぶことがコーチですよ、という話をするのです。

　ここを理解できたら、体罰なんてありえないはずだと僕は思います。

恐怖心が技術の向上を阻む

佐山　桑田さん以外にも体罰を否定する人はたくさんいますが、その大半は、精神論で否定するわけですね。それが間違っているということではないのですが、桑田さんの提言は、もう一歩深いところを指摘しています。

たとえば、「体罰は技術の向上に結びつかない」という指摘もその一つです。これについて、もう少し詳しい話をお聞きしたい。

桑田　それも自分自身の体験から来ているのです。

僕は、小学校六年生のときはキャプテンでした。ポジションはショートだったんですけど、内野ノックでサードがエラーすると、「キャプテン来い！」と呼ばれて、殴られるんです。セカンドがエラーすると、また「キャプテン来い！」。自分がエラーしたわけでもないのに、ノックの間中、何発殴られるかわからない。

そうなると、だんだんエラーをした選手のほうが萎縮《いしゅく》してしまうんですね。自分のせいでキャプテンが殴られているわけだから。するとその選手はどうするかというと、打球が飛んできたら、膝をついて体で止めるようになるのです。

佐山　それじゃあ、スムーズに送球動作に移行できませんね。そんな捕り方をしていたら、打球を逸《そ》らさずにすむかもしれないけれど、伸びやかなプレイにならないでしょう。

桑田　送球するときでも「暴投したら怒られる」と思うから手が縮こまって、結局、ワンバウンドを投げてしまう。

打撃でも、三振してベンチに帰ってくると殴られるんですよ。監督は、最初は「思い切って三回振ってこい」と言っていたのに、本当に三振すると腹を立てて殴るわけです。じゃあ、殴られた選手が次の打席でどうするかというと、バットを短く持って、チョコンと当てるだけのバッティングですよ。

佐山　なるほど。

桑田　ボテボテのピッチャーゴロを打って、喜んでいるんですよ。「殴られなくてよかった」って。そんなことで、野球がうまくなるわけがないでしょう。僕は、そういう光景をたくさん見てきました。だから、恐怖心を持ちながら練習していたら、スポーツは絶対にうまくならないと確信しているのです。

実際に僕自身が、体罰を受けなくなった中学二年以降、野球の技術が劇的に伸びたんですよ。それまではビクビクしながら野球をやっていたのが、「こうしたらうまくなるかな」と考えながらやれるようになった。高校に入ってからもそうです。もし体罰を受け続けていたら、僕の選手としての競技力は伸びなかったと思っています。

熱心な指導なのか、ストレス発散なのか

佐山　殴るまではいかなくても、いまでも、選手に対して怒鳴り散らす指導者はたくさんいます。ただ、そういう光景を外から見ていて「熱心な指導者だな」と思ってしまう人もたくさんいるんですよ。それは熱心さとは違うんだけど。

桑田　大事なのは熱心さの意味ですよね。

　僕は、選手を引退してからいろいろな現場を見にいきましたが、日本の少年野球を支えているのは、それこそ〝熱心な〟指導者たちだと痛感しました。彼らは土日の休みを割いて、報酬もないのに、子どもたちに向き合っている。ただ、残念なのは、朝から晩まで子どもたちをしごいて、怒鳴りまくっていることです。これはものすごいエネルギーですよ。だとしたら、そのエネルギーでもっと違う方法を考えたほうがいいんじゃないですか。

佐山　そういうのは、一見、休日返上のボランティアで子どもたちに奉仕しているように

見えるけれど、違いますよね。むしろ、指導者のストレス発散に子どもたちが利用されている。

桑田　そうです。グラウンドがストレス発散の場になっているんです。

佐山　だから今後重要なのは、指導者に対する指導だと思います。そのためには、桑田さんのような、トップレベルを体験した人たちに、講習会のような形で啓蒙《けいもう》してもらいたい。怒鳴ったりしごいたりすることが「熱心な指導」ではない、という基本的なことから勉強してもらわないと。

桑田　僕は、大学院で日本の野球の歴史について文献調査と有識者へのインタビュー調査をしました。そのときに佐山さんのご著書をたいへん参考にさせていただいたのですが、一八七二（明治五）年に野球が伝わってから、草創期の一高時代を経て早稲田と慶應義塾の対抗戦（早慶戦）が人気を集める時代を迎えました。その中で、大正時代に早稲田大学野球部の初代監督をつとめた飛田《とびた》穂洲《すいしゅう》先生が「野球道」という言葉をつくられたことを知りました。それが日本の野球界に脈々と受け継がれてきているわけですけど、どうも、飛田先生が提唱した「野球道」と、いま日本の野球界で継承されている「野球道」がかけ

「学生野球の父」飛田穂洲

離れているのではないか、という疑問が湧《わ》いてきたのです。

　飛田先生の教えのエッセンスの一つは「自分のことは自分でしなさい。先輩は後輩を思いやり、後輩は先輩を敬いなさい」というものです。チームは家族のようなものだというんですね。それに、飛田先生は「一球入魂」という言葉をつくった人であり、「千本ノックの生みの親」とも言われていますが、実際には選手の体調によって、一〇〇本のときもあれば二〇〇本のときもあった。指導は厳しかったけれど、罵声《ばせい》を浴びせたり怒鳴ったりすることは一切なかったと当時の選手が回想しているんです。

本来の「野球道」に体罰はなかった

桑田　そんな「野球道」が、あるときから違うものになってしまった。そのきっかけは、戦争です。昭和初期に入ると、政府や軍部による野球の統制が強まりました。そのとき、飛田先生はご自身の指導理念とは必ずしも一致しない「練習量の重視」「精神の鍛錬」「絶対服従」というキーワードを用いて「野球は強い兵隊を養成するのに有用である」という主張をして、野球を弾圧から守ろうとしたのです。

戦後になると軍隊から復員した人たちが先輩選手、指導者、審判としてアマチュア野球界に復帰し、旧日本軍の悪弊を持ち込みました。さらに、飛田先生に追いつき、追い越そうとした次世代の指導者たちが「もっと厳しい指導をしないと飛田先生を乗り越えられない」と思い込んで、「誤解された野球道」をエスカレートさせていきました。こうした状況に「勝利至上主義」が重なって体罰が当たり前になったのだと思います。

だから、暴力や体罰を否定し、恐怖心を与えるような指導法を改めてもらいたいという僕の考えは、戦前の野球界の先人がつくられた、本来の「野球道」に戻したいと思っているだけなのです。

佐山　ただ、桑田さんは、「昔に戻す」というだけではなくて、「もっといいものにしたい」という思いもあるんじゃないですか。

桑田　そうですね。

佐山　桑田さんが論文で再定義された「野球道」は、尊重（リスペクト）と練習の質（サイエンス）と心の調和（バランス）で構成されています。こういう視点を提起したのは、あなたが初めてですよ。しかも、その理論はご自身の体験に裏付けられている。だからこそ、桑田さんのような方が、それこそ全国を回って、子どもたちを「指導」している人たちに話をしてほしいのです。
指導者に対する講習会のような活動がさらに進んでいけば、いずれは、指導者になるための「ライセンス制」の導入に向かうのではないですか。

桑田　すでに、そのための取り組みを始めようとしています。僕らプロ野球ＯＢは、そのためにもっと尽力しなくてはいけません。

佐山　まったく関係のない話ですが、ドイツでは、小学校一年生の算数の教科書を書くのは、ドイツで屈指の偉い数学者なのだそうです。つまり、もっとも基本的なところを教えるのは、もっとも高いレベルを知っている人でなければならないということです。
スポーツの指導にも、それが当てはまるのではないですか。

嘉納《かのう》治五郎《じごろう》が説いた「指導の四段階」

佐山　「野球道」の話で思い出したのですが、いま、暴力の問題で、柔道が矢面に立っていますね。その関連で、山口香《かおり》（全日本柔道連盟女子強化委員）さんが、講道館柔道の創始者である嘉納治五郎について、非常に興味深いことを語っておられました。
嘉納が言うには、柔道を教えるには四つの段階がある。まず、型を教える。次に、乱取り（自由に技を出し合う練習）をする。それから、先生が講義する。最後に、先生と生徒が問答をする。言い方を変えると、まず基本を教え、それを実践し、実践を踏まえた説明があり、最後に、教える側と教えられる側が対等の関係でディスカッションをする。本来、日本の「柔道」は、そういう形でやってきたはずなんです。

桑田　最後の「問答」というのがいいですね。

佐山　そうなんですよ。ところが、女子柔道の代表選手たちが告発した実態はどうですか。監督が選手に対して、一方的に、さまざまな形の「暴力」を行使している。そこにあるのは「問答無用」の世界じゃないですか。
シドニーオリンピックの男子柔道一〇〇キロ超級決勝戦で、篠原信一《しのはらしんいち》に〝疑惑の判定〟で勝って金メダルを獲ったダビド・ドゥイエというフランスの柔道選手がいましたね。政界に進出してフランスのスポーツ相までやった人ですが、「エスプリ・ド・ジュードー（柔道の精神）」という雑誌で「日本は、嘉納さんの柔道をもう忘れてしまった。それが残

全柔連（全日本柔道連盟）は刷新できるのか。
嘉納治五郎の写真を背に会見する、新任の女性理事たち

っているのはフランスだ」という意味のことを語っているのですよ。

桑田　そもそもスポーツって、「フェアプレイ」とか「スポーツマンシップ」と言うじゃないですか。だとすれば、スポーツというのは、本来、暴力からいちばん遠い存在であるべきです。

佐山　そうです。「楽しむ」という語源の正反対ですからね。

桑田　そしてお互いを尊敬し合って、ルールの中でやっていくのがスポーツでしょう。そんな中で、暴力なんてありえないです。

「しょうもないことを言いやがって」と思う人がいるかもしれませんが、仮にいまのような「暴力」が許されるとして、じゃあ、監督が采配《さいはい》ミスをしたら選手が殴っていいのか、先輩がミスをしたら後輩が殴っていいのか、ということです。それは許されないわけですよ。でも、それは「フェア」じゃないですよね。

「主役は監督」というイメージ操作

佐山　高校野球を例にして考えたときに、「監督」の占めている役割が大きすぎるように思いませんか？

桑田　大きいですね。

佐山　私が奇妙に思うのは、甲子園大会のテレビ中継がありますね。そうすると、盛んにベンチの監督を映すわけですよ。ゲームをやっている当事者は選手たちなのに、試合を操っているのは監督だと強調することがよくありました。

映像だけでなく、活字でもそういう書き方をすることがありました。最近はだいぶ改善されてきましたが。「これは全国高校野球選手権じゃなくて、全国高校野球監督選手権じゃないか」って言いたくなるゲームだって、実際にありました。

桑田　（笑）。

佐山　ゲームの要諦《ようてい》を選手ではなく、監督が握っている。おかしな話です。

将棋でも囲碁でもそうだけど、ゲームというのは、プレイヤーが、自分の技量と、その場に対応した判断力の両方を駆使して戦うものです。ところが、多くのスポーツはそこが「分業制」になっている。野球も例外ではありません。投げたり打ったりは選手がやるけれど、大事な判断は監督がやる。でも、そうやっていると、いちばん大事なところが抜けてしまうような気がします。

たとえばピンチになったときに、選手たちが集まって「おい、どうやって切り抜けようか」と相談して知恵を出す、というところがゲームの妙味であるはずなんですが、実際は、ピンチになったら監督の指示を仰ぐという形になっている。

桑田　そうですね。すぐに監督の顔を見る。

佐山　そういう癖がついてしまうと、選手はその後の人生において、何か困ったことが起きたときに、いちいち誰かの判断を仰いでからでないと動けない、ということになりはしませんか。

だから極論すれば、ゲームが始まったら、ラグビーみたいに監督はスタンドへ上がって、選手だけでやらせればいい。ピンチになったら「どうする。この打者は歩かせるか、勝負するか」というようなことはピッチャーとキャッチャーが相談して決めればいい。失敗しても、そこから学ぶのですから。

そういうところを改善していくことで、プロとは違う、スポーツとしての野球の新しい形を、日本は提示できると思うのですがね。

「言うことを聞く人間」を育てるやり方

桑田　監督の存在が大き過ぎるのは、結局、軍隊式なんですよね。

佐山さんのお話を聞いていてあらためて思いましたが、僕は、日本の野球選手の最大の弱点は「自分で判断できない」ことだと考えています。だって、そもそもプロ野球がそうなんですから。監督に嫌われたら試合に使ってもらえない。それは大学も高校も中学も小学校も、みんな一緒ですよね。

でも、スポーツは自分自身に勝つことがいちばん大事じゃないですか。野球という競技では、マウンドでピンチに陥ったとき、あるいはチャンスで打席に入ったときに、誰も助けてはくれません。ほかの競技でもそうですよね。風などの天候から相手の心理状態まで自分自身で判断して、自分の不安な気持ちも乗り越えたうえで、プレイしなければならない。そうやって自分自身に勝っていける人じゃないと、いい選手にはなれないのです。

佐山　そういう選手になれるように手助けをするのが、監督やコーチの本来やるべき仕事ということですね。自分で判断し、自分の力で戦っていけるような選手を育成する。その一点に集約すれば、指導において何が善で何が悪か、おのずとはっきりすると思うんですがね。

ゲームが始まったら監督はスタンドに上がれ、なんて言うと、まるで監督の任務を軽く見ているように聞こえるでしょうが、それは逆です。ゲームで指示を出すより、人をつくるほうがはるかにたいへんな仕事なのですから。

桑田　いつも感じているのですが、プロ野球界には、一般の社会でも十分活躍できるような潜在能力を秘めた人材がたくさんいます。それなのに、現実にはセカンドキャリアで苦労する人が多い。その理由の一つは、選手時代に「言われたことしかやらない」育てられ方をしているからです。先輩や指導者が言うことを一方的に受け入れる人間を育てているのが、いままでの野球界、スポーツ界じゃないかなと思う。でも、いまの社会で必要とされているのは、自分自身で考えて主体的に行動できる人材だと思います。そういった人間を育てるのがこれからのスポーツ界の役割じゃないですか。

野球界の例で言うと、アマチュア選手のうちプロになれるのはほんの一握りです。プロ野球のドラフト会議で指名されるのは、毎年、たった八〇人前後ですよ。

佐山　高校の野球部員の数を考えてみたら、すごい確率ですよね。

桑田　ほとんどの人がプロにはならないのだから、なおさら、どの世界に行っても活躍できるような人材を育てなくてはならないはずなんです。

本当の「タテ社会」とは

桑田　僕はよく例に出すんですけど、一〇〇年前のグローブで野球をやったら、打球の正面に入って、両手で押さえて捕らないとダメでしょう。

佐山　グローブの形がいまとは全然違いますからね。ウェブ（親指と人差し指の間にある網）やポケット（捕球する箇所の窪《くぼ》み）がなくて、平べったい形状だから。

桑田　でも、いまの進化したグローブは片手で充分捕れるわけだから、無理に正面に入らなくても、バックハンドで捕ればいい。そのほうが動きとして合理的なケースがたくさんあります。

　ピッチャーの球種についてもそうで、昔はスプリット（タテに落ちる変化球。フォークボールよりも落ち幅は小さいが、球速はストレートに近い）とかカットボール（ストレートとほぼ同じ球速、軌道だが、打者の近くでわずかに横へ滑る）とかなかったじゃないですか。要するに、野球は日々、進化しているわけです。

じゃあ、どうして指導者は進化しないのか、ということです。昔と同じ指導方法を続けていていいのか。時代に合った、時代とともに進化した指導方法が必要じゃないんですか、という話をするのです。

佐山　今回、スポーツ界での体罰や暴力の問題が広く一般に報じられたことによって、その一つの結果として、旧弊な指導方法を改めなくてはならないという空気、うねりのようなものは出てきたと思います。

ただ、スポーツの世界というのは、どうしても「タテ社会」になるんですよね。選手同士の会話を聞いていても、まず相手の年齢を確認しますね。「Aさんは一つ上だから、逆らうわけにはいかない。B君は一つ下だから、向こうは俺《おれ》に逆らえないだろう」というようなメンタリティは、依然として抜きがたくあるのではないですか。

桑田　僕は「タテ社会」自体は、すばらしいと思っています。でも、言葉が示す意味が違いますよね。

先ほども言いましたが、飛田穂洲先生がおっしゃったように「先輩は後輩を思いやり、後輩は先輩を敬う」のが本当のタテ社会です。年上だから何をしてもいいとか、そういうことではないですよ。

第二章　「勝利至上主義」を超えて

なぜ「勝者にすべてを与える」のか

佐山　前章で、体罰や暴力の問題について語り合ったわけですが、言ってみれば、それらは表面的な事象です。本当にその問題について考えるのであれば、体罰や暴力という事象を生み出す背景や風土について検討しなくてはなりません。

ひと口に背景や風土といってもさまざまなものがあるわけですが、ここでは、もっとも根深い問題として、「勝利至上主義」について考えてみたいと思います。

桑田　たとえば、少年野球にしても学生野球にしても、どの組織も「育成」という目的を掲げているじゃないですか。それなのに、実際にはどこも超勝利至上主義ですよね。あれがもう、僕は根本的におかしいと思うんです。

いっそ、小中学生の全国大会とか、やめればいいと思うことがあります。大会があれば、指導者は勝ちたいじゃないですか。となれば、勝つために「手段」を選ばなくなるのは、無理もありません。

佐山　英語に“Winners take all”という言葉があります。つまり、勝者がすべてをかっさらっていく。

たとえばゴルフの大会でも、何百人も出場していて、勝者はたった一人でしょう。二位以下はみんな敗者です。「何百人の中の二番なのに、敗者か」と思いますけどね。一位とたったの一打差でも、あるいはプレイオフまで戦っても、敗者であることに変わりはありません。昔のローマのコロシアムでも、勝者は美女の嫁さんと金銀財宝を手に入れるのに、敗者はライオンに食われてしまう。

そもそも、どうして勝者にそんなに多くのものを与えるのか。勝者と敗者との間に、そこまでの格差をつける必要があるのか。

答えは簡単で、勝った者と負けた者の差が大きければ大きいほど、観衆が興奮するからなんですね。

桑田　娯楽としては、確かにそうですね。

佐山　スポーツをエンタテインメントとして商売にしていく場合は、観衆の満足度がいちばん大事な要素になるわけだから、勝者と敗者の格差を拡大する方向へいくのは、ある意味、当然です。だから、プロの世界はしょうがない。

でも、学生や少年少女のスポーツにまで、「勝者がすべてをかっさらう」という論理を当てはめていくのは正しいことなんでしょうか。プロのやり方を見て、それをスポーツ本来の姿だと勘違いしてはいけないと思います。

「勝利の喜び」と「勝利を目指すプロセス」

桑田　僕は大学院でビジネスの授業を聴講していたのですが、そこでも言われたことがあるんですよ。“Winners take all”って。

佐山　ビジネスの世界が、そうなんですね。

桑田　僕がまず思うのは、「勝利」という目的があるのはいいとして、それが唯一のゴールなのか、ということです。

　ゴルフの勝者はまさに一人だけだし、野球だって、優勝できるのは一チームだけです。つまり、スポーツというのは、つねに勝者よりも敗者の数のほうが圧倒的に多いわけです。それなのに、なぜ多くの人がスポーツを楽しんでいるのか？「勝利の喜び」だけではなくて、「勝利を目指すプロセス」そのものに楽しみがあるからでしょう。

スポーツの楽しさは、勝つことだけではありません。自分なりの努力を続けること、小さな成功体験を積み重ねること、失敗してもまた挑戦するというチャレンジ精神……そういうすべての場面に、スポーツをやる楽しさや喜びがあるはずなんです。

佐山　だから、そういうプロセスを楽しめる環境でなければいけないわけで、そのときに殴ったり怒鳴ったりしてはダメ、ということでしょう。

桑田　そうなんです。殴る蹴るではなくて、指導者がともに悩み、苦しみ、喜び、励まし合っていくことが、僕は非常に大事じゃないかなと思います。

佐山　桑田さんはいま、「小さな成功体験」とおっしゃいましたが、野球＝ベースボールというのは、本来、そういうことに向いたスポーツなんです。

ベースボールの原型になったのは、イギリスの「ラウンダーズ」という競技です。全員アウトでチェンジというゲームで、イニングはただの二回。このラウンダーズでは、ホームランのみが得点になった。ホームラン以外のヒットで塁に出て、次打者のヒットでホームに還っても点になりません。ただ、打線にはとどまれるから、次にホームランを狙《ねら》う。そういう形式のゲームでした。

それが、移民とともにアメリカに渡って、ベースボールに変型していきました。その過程で、競技の性格も大きく変わったわけです。

言うまでもなく、ベースボールの場合は、ホームランを打たなくても点を取ることができます。大事なのは、まず出塁すること。出塁する手段は、四死球でも、相手のエラーでも、振り逃げでも、何でもいいのです。そこから盗塁して、バントで走者を送って、犠牲フライを打てば、ホームランどころかヒットを一本も打たなくても点を取れる。

つまり、「大きな成功」だけを狙うのではなくて、「小さな成功」を積み重ねていけば得点することができる――。そういう競技に変わったわけです。貧しい移民の集まりだったアメリカという国だからこそ、「小さな成功」の意味があったのだと思います。

「小さな勝利」を評価する眼が必要だ

佐山　スポーツにおいて「勝利」が唯一の要素なのか、という問題ですが、たとえば、こういうことは言えませんか。

試合というのは一つの戦争、つまりwarですね。そのwarが成立するためには、さまざまな戦闘、battle があるわけです。battle の集合体が war ですから。

　そうすると、試合でどちらのチームが勝つかということとは別に、「今日はあの打者から三振を取れるかな」とか、「あいつのカーブを打てるかな」といったような、個々のプレイヤーそれぞれの勝負があるわけですね。試合という war の中には、個々のプレイヤーによるさまざまな battle が内包されている。だから、仮に所属するチームが負けたとしても、個人的には「小さな勝利」を得るということもあるのではないですか？

桑田　大きな勝負に負けても、小さな勝負には勝つ。

佐山　そうそう。だから、たとえば高校野球でも、「試合に負けても、全面的な失敗を意味するものではない」ということを教えなくてはいけないと思うのです。

　桑田さんがいたころのＰＬ学園は夏の甲子園で二度の優勝を成し遂げましたが、そういうチームはまったくのレアケースであって、全国でおよそ四〇〇〇ある参加校は、一校を除いて、すべてが「試合に負ける」わけです。それなのに “Winners take all” って、そんな殺生な話はないだろうと思います。

　だから、負けた試合の中にもあった勝利を評価する力、指導者の言葉のかけ方、教え方が非常に大事になってくるんですね。

桑田　「残念ながら負けたけど、あのファインプレイはすごかった」とか。

佐山　そうなんです。そういう言葉をかけてあげたら救われる。

桑田　そこも、プロセスですよね。試合とは別に、個々の選手のプロセスの中で評価してあげる。

佐山　そういうポイントを目ざとく見つけて評価する指導者が必要ですね。というか、これからの指導者に問われるのは、そういった能力だと思います。

スポーツをやっていれば、それぞれのキャリアの中で「新しい自分に出会った」という瞬間があるはずでしょう。たとえば、それまでは捕れるとは思えなかったボールが、飛びついたら捕れた！　というような。そういうポイント、瞬間を、指導者は指摘してあげてほしい。

私はかつて、母校の高校で英語の教師をしていたことがあるのですが、生徒にテキストを音読させると、ちょっとうまいやつがいますよね。といっても、ものすごくうまいわけじゃないんだけど、「お、おまえ、うまいじゃないか」と声をかけてやる。それから二週間くらいしてまた読ませると、今度は、本当にうまくなっているんですよ（笑）。

桑田　自信を持つんですね。

佐山　持つんでしょうね。だから、人間というのは、そういう小さな積み重ねの中で伸びていくものじゃないかな。

勝ち負けにこだわるのは下賤《げせん》だった

佐山　先述しましたが、桑田さんの「野球道」は、尊重（リスペクト）と練習の質（サイエンス）と心の調和（バランス）で構成されています。

そこで言うリスペクトには、相手のことが入っているわけですね。相手がいてこそ自分の能力も伸びるわけだから、リスペクトしなければおかしい。自分一人、あるいは、自分たちのチームだけでは試合はできないのだから、スポーツとは相手あってこそのものであり、相手とさまざまなことを共有しながら進める行為ということになります。

そういう考えなしに、相手に対して憎しみだけ持っているような人もいますけど、それはスポーツにならない。

桑田　スポーツマンシップやフェアプレイ精神といったものに対する最大の障害が、行き過ぎた勝利至上主義だと僕はとらえています。勝つためには何をやってもいい。ルール、マナー、モラル、手段を選ばない。いまはそういうことが黙認され、許容されているんじゃないか。

　勝てば、学校の宣伝になる。勝つことが、学校や周囲や業界からの評価につながる。それと、「負けたら終わり」のトーナメント制。最終学年の選手は、もうこれで最後だから、ということで無理をしてしまう。そういうことを含めて、大きな見直しをしていくべき時期に来ていると思います。

佐山　おっしゃるとおりですね。

桑田　先ほども言いましたが、どの組織も、「育成」という目的を掲げます。それにもかかわらず、理想と現実があまりにも乖離《かいり》しているのではないか。「育成」という目的が、建て前として神棚に上げられている。いや、上げられているんじゃなくて、最初から神棚に置いてあるといったほうがいい。ですから、もう一度原点に返って、スポーツとは何か、コーチとは何か、考えてやっていかなくてはならないと痛感します。

「勝つこと」が生み出す、さまざまなメリットや利益があることは確かです。でも、そのメリットや利益のために「勝利至上主義」を正当化するのはおかしいでしょう。まさに、佐山さんが先ほどおっしゃった「目的は手段を正当化する」です。

佐山　近代スポーツの原点になったイギリスのことを考えてみると、そもそも、スポーツで「勝ち負け」を決めるのは下賤なこととされていたのですね。勝ち負けなんか決めるものではなかった。

まだ産業革命前の話ですけど、当時のスポーツというのは、貴族階級の気晴らしですから、「勝った、負けた」といった「はしたない」ことはしない。乗馬やウォーキングに「勝った、負けた」がありますか。

ところが、産業革命で大衆社会が勃興《ぼっこう》し、さらにアメリカへの移民が増加すると、様相が一変します。イギリスの上流階級から見たら「低い階級」の人々がアメリカへ渡って、「スポーツの大衆化」を実現するわけです。その過程で、「勝ち負け」に重きを置いた、ビジネスとしてのスポーツが発展することになる。勝者と敗者の格差をつけて人々の興味を引き付け、ボールゲームもやがて賭《か》け事、ギャンブルの対象になっていく。

そして、スポーツがビジネス化するプロセスの中で、「勝ち負けに重きを置かない」という価値観が薄くなってしまったのです。

「フェアプレイの精神」の定義

佐山 ハンティング（狩り）というのも「勝ち負けを決めない」スポーツの一種ですが、本当のスポーツマンのハンターとはこういうものだ、という話があります。

それによると、「とまっている鳥を撃つのはハンティングじゃない」というのですね。もし鳥がとまっていたら、飛び立つまで待つ。飛び立って、どこへ動いても自由な状態のものを撃つからハンティングなのであり、人間と鳥との勝負は、そういう状態のときに初めて成立するのだと。

これは、「フェアプレイの精神」を説明するときに引用される挿話です。フェアプレイとは、いったい何なのか。それは「相手より有利な立場に、自分の身を置かない」ということである。その精神が、「フェアプレイ」という概念の原初にあるというのです。

そう考えると、いろいろなことが理解できるのですよ。あえて例をあげれば、マーク・

マグワイア、バリー・ボンズ、ロジャー・クレメンスなど、錚々《そうそう》たるメジャーリーガーが告発されたステロイド常用疑惑や、オリンピックのたびに発覚する禁止薬物使用などが、いかにフェアプレイに反しているかということがわかるはずです。

桑田　でも、勝利至上主義を肯定すれば、そうなりますよね。ステロイドにしろ何にしろ、許容されてしまいますよ。

佐山　ビジネスの目的は、勝利して、成功して、金を儲《もう》けるということだから。まさに「目的は手段を正当化する」わけです。まして、そこに企業体があってオーナーがいて、というふうになってくれば、どうしてもそうならざるをえない。

練習を休む勇気

佐山　勝利至上主義に発するさまざまな弊害が、スポーツの世界を歪《ゆが》めているという現実があるとしたら、マスコミがそれを追及し、質《ただ》せばいいではないかという声があります。しかし難しいのは、マスコミもまたビジネスだということですね。

先ほど話題にした、高校野球のテレビ中継で監督ばかり映すというのも、あれはカメラ

禁止薬物問題に全米が騒然となった。連邦地裁を出る
バリー・ボンズ

マンやディレクターの商業意識じゃないですか。監督を主役にして、その監督がこのように指揮をしたからチームが勝った、という図式で画面を構成してしまう。そうすれば、視聴者が喜んで視聴率が上がると考えるらしい。テレビはリアルタイムで映しているのだから嘘《うそ》はないと言いますが、リアルタイムではあるけれど、リアリズムとは限らない。あらかじめ、映すものと映さないものとが選別されている。そういう作業を経て「商品化」されたものを、我々は見ているのです。

　だから、見ている我々も、よほど賢くならないといけない。それをリアリティ（現実）だと思ってしまうと、大きな間違いだということになりかねません。

桑田　あと、監督とセットになるのが、「厳しい練習をした」「たくさん練習をした」「長時間練習をした」というエピソードですね。

　監督が「なぜ優勝できたんですか？」とインタビューされると、必ずといっていいほど「ウチはどこよりも厳しい練習をしました。こいつらは、過酷な練習に耐えてくれました」というようなことを言うじゃないですか。でも、本当に「どこよりも厳しい練習」だったのか、客観的に証明することなんて誰にもできませんよ。その学校より、もっと長い時間練習していたチームだって、きっとあるはずです。じゃあ、なぜそのチームは優勝できないんですか。

佐山　桑田さんがおもしろいのは、いまの選手にさまざまなアドバイスをされるわけですが、その中に「練習を休む勇気を持とう」というのがあったでしょう。

桑田　はい。

佐山　「勇気」という言葉を使っておられたのが非常に印象的でした。

桑田　試合でも練習でも、僕はつねにベストな状態でいたいんです。そうじゃないと集中できませんから。

　さっきの話と関連しますが、僕は高校時代に二回も全国優勝することができましたが、「どこよりも厳しい練習」をしていたわけではありません。実際は、むしろ逆だったのですよ。

佐山　世の中のイメージとは違いますね。桑田さんにしろ清原さんにしろ、あの時代のPL学園の選手たちは、それこそ「どこよりも厳しい練習」をしていたから、あれだけの黄金時代を築けたのだろうとみんな思っていましたよ。

桑田　練習で燃え尽きてしまったら、意味はないわけです。いちばん大事なのはベストの状態で試合のマウンドに立つことですから、そこから逆算して、疲労を残さない良好なコンディションで試合を迎えるにはどうすればいいか、考えてやっていました。

　ところが、当時のＰＬと対戦するチームは、変に張り切ってしまうんですよ。それで、たくさん投げ込んだり、猛烈な特訓をしたりして、試合をするときには、もう疲労困憊《こんぱい》しているわけです。一方で、僕は万全のコンディションですよ。それは、こっちが勝ちますよね。

　だから、どっちがたくさん練習していたかといったら、相手チームのほうが練習していたと思います。僕が「量じゃなくて質が大事だよ」というのはそこなんですよね。

「負けたら終わり」のトーナメント制を再考せよ

佐山　日本では、野球にしろサッカーにしろ、プロはリーグ戦でやっているのに、アマチュアの大会の多くは「負けたら終わり」の過酷なトーナメント制です。高校野球や高校サッカーはその典型ですね。高校時代の桑田さんはそこで勝ち抜いたわけですが、いまおっしゃった「量より質」という考えに至ったのは、トーナメントの過酷な世界で、体を壊さずにサバイバルするための「知恵」であったような気もします。

このトーナメント制の問題について、考えてみませんか。トーナメントの「負けたら終わり」というシステムこそ、まさに勝利至上主義の根幹にあるものという見方もできますし。

桑田　結論から言いますと、僕は、高校生の大会もリーグ戦で行なうべきだと思っています。トーナメントの大会も年に一回くらいあってもいいと思いますけれど、そのときは、日程をちゃんと考えたうえでやらないといけない。

僕は何度も言っているんですが、プロの最高レベルの選手が出場するWBC（ワールド・ベースボール・クラシック）で、ピッチャーの球数や登板間隔の制限があるわけですよ。身体的にも精神的にもできあがったプロのピッチャーに対して、二〇一三年の大会では「一次ラウンドでは六五球、二次ラウンドは八〇球、準決勝と決勝は九五球を超えると次のバッターには投げられない」「五〇球以上投げたら翌日から四日間は登板できない」などというルールが設けられていました。それなのに、身体的にも精神的にも未熟な高校生のピッチャーに対しては、何もルールがない。こんなおかしな話はないでしょう。

佐山　二〇一三年春の選抜大会で準優勝した済美《さいび》高校の安楽智大《あんらくともひろ》投手は、五試合に登板して、トータルで七七二球を投げました。一試合平均で一五〇球以上です。敗れた決勝戦のときは、三連投でした。これはいかにもまずいということで、高野連（日本高等学校野球連盟）は、二〇一三年夏の大会から、準決勝の前に一日の休みを入れることを決めました。地方大会では、以前からそうしていましたが。

桑田　過酷なのは高校生だけではありません。小学生の全国大会もトーナメントなんですが、場合によっては三日か四日で六試合やるんですよ。一応、「一日二試合投げてはいけない」というルールがあるリーグもあるのですが、連投はＯＫです。だから、小学生のピッチャーが三連投、四連投するわけです。「負けたら終わり」だから。

佐山　でも、若いころの桑田さんも、そういう世界で投げていたのですよね。

桑田　実際、やってきました。一日二試合、投げたこともあります。でも、中学時代から「こんなことをやっていたら壊れるな」と思っていましたよ。

佐山　桑田さんは春夏の甲子園で通算二〇勝という、戦後最多勝記録を持っています。ト

済美高校・安楽投手。彼の〝熱投〟をきっかけに、
甲子園での「球数制限」論議が起こった

ーナメントで最後まで勝ち抜いたからこそ達成できた大記録ですが、最後まで勝ち抜くということは、安楽君と同様に、たくさんの試合に投げなくてはならないということですよね。高野連でも、投手の複数制を以前から唱えてきていましたが。

桑田　確かに僕は、甲子園のマウンドで、ほかのどのピッチャーよりもたくさん投げたと思います。でも、大会が終わったら一カ月ボールを握らないとか、いろいろと工夫して肩やひじを壊さないようにケアしていました。ピッチング練習も毎日はしなかったし、投げ込みもほとんどやらなかったですね。

あと、体が疲れているなと思ったら、監督に「ランニング行ってきます」と言って、隣接するゴルフ場まで走っていって、そこで二時間くらい昼寝していました。

佐山　そういうところが、あなたの賢明さですね。

桑田　それでも、高校以前の段階で投げ過ぎていたことは確かなんです。小さいころからセーブしていたら、選手としてもっと長くできたと思います。

ひじの曲がった小学生

桑田　スポーツ医学の権威で、僕もひじの手術をしてもらったフランク・ジョーブ博士によると、アメリカでは、「小さいころに肩やひじを酷使した選手は故障する確率が高い」というようなことが、データとして出ているそうです。昔はわからなかったことが、スポーツ医科学の進歩によって、徐々に明らかになってきている。だから、そういう成果を活用して、大会のやり方から何から、いい方向へ変えていきましょうと僕は言っているのです。

　少子化と言われている中で選手を育てるには、いままでのルールとかシステムに縛られていてはダメだと思います。大人が、もっと考えなくてはいけないんです。

佐山　アメリカの場合、ＮＣＡＡ（全米大学体育協会）には、試合を含めてスポーツ活動をする時間は「週二〇時間まで」という規定がありますね。つまり、野球なら野球にかかわる時間は週に二〇時間まで、という制限です。子どもの野球にも制限がかかっていますよね。

フランク・ジョーブ博士と

桑田　はい。ルールで球数が制限されているリーグがありますし、コーチがピッチャーの球数に配慮するのも当たり前になっています。

佐山　子どもの場合は、そのときは異常がなくても、時間がたってから、その影響が出てくることが怖いですね。

桑田　佐山さん、いまはそれどころではないですよ。整形外科に行くと、小学生が、僕がプロになってからやった手術を受けている。そういう例がたくさんあります。

　この間も、あるトレーナーのところにいたら、子どもが来たんです。明らかにひじが曲がっているから「どうした？」と聞くと「明日、試合なんです」と言うんですね。びっくりして、「無理だよ」と言ったら「いや、監督に『おまえがエースだから投げろ』と言われているんです。治療してください」と頼んでくる。そこから説得ですよ。「ダメだ」「どうしてですか」「君には将来があるから」「でも、明日は大事な試合だって監督が」……。

　そこで僕は、彼にこう言いました。

「学生時代に、大事な試合なんて一試合もない。いちばん大事なのは、自分の体を守ることだ」って。

佐山　大事なことは、目先の勝利ではなく選手の体を守ることだ、という基本的な理念を浸透させなくてはいけません。

新潟県では、県の青少年野球団体協議会が「野球手帳」というものを発行して、小学生やその指導者などに配布しています。その手帳は山本智章さんという整形外科医の先生が監修していて、成長期の野球選手に多い障害を解説したり、予防のためのチェックポイントを示したり、ストレッチや投球動作の基本、投球数のガイドライン、ウォーミングアップとクールダウンのやり方などについて解説しています。そして、異常を感じたときにはすぐに検診を受けるよう啓発している。こういう試みは、ほかの地域でも積極的にやってもらいたい。

桑田　そういう科学的な視点が、いままで少なかったんですね。自分の経験値だけでものを言う人が多くて。「一日一〇〇球投げろ」「どうして一〇〇球なんですか」「俺はそうやってきたから」という感じで。

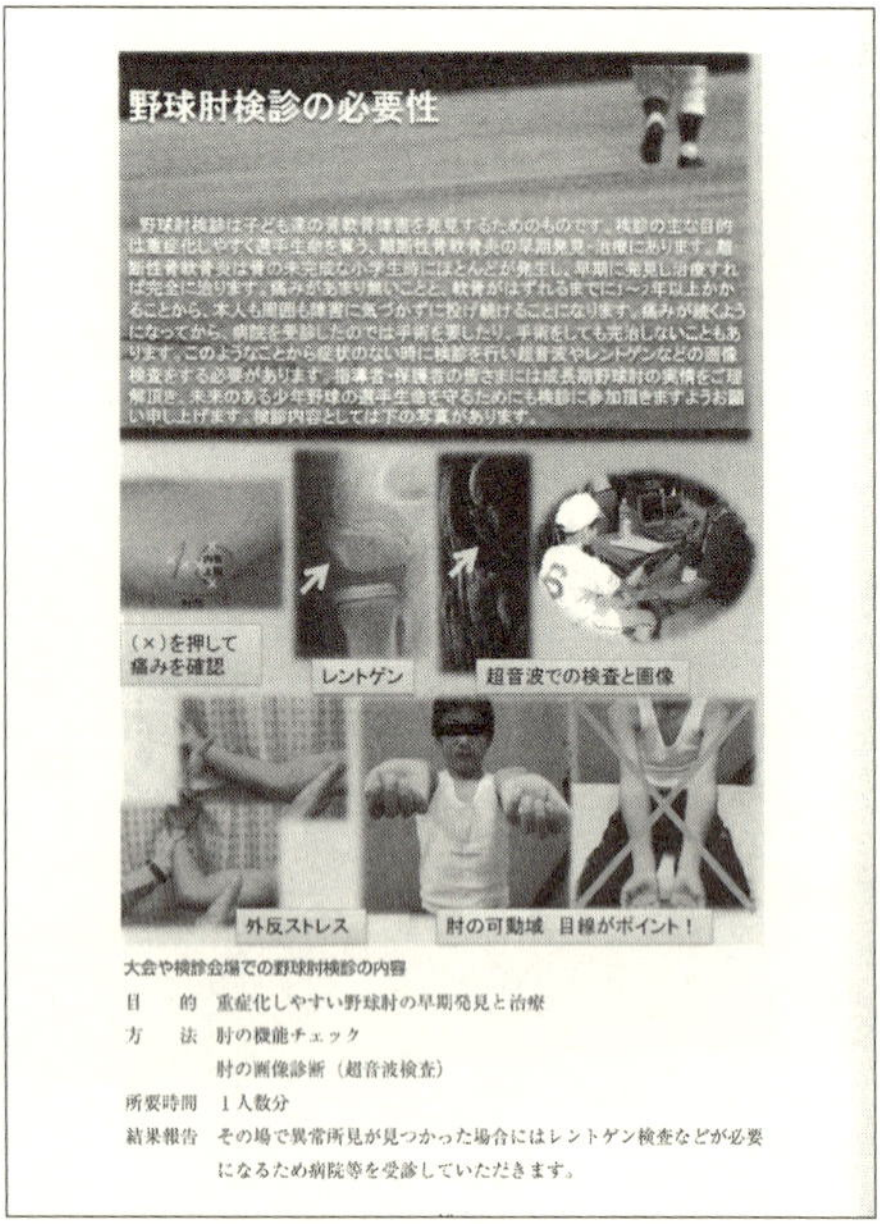
野球肘検診の必要性

野球肘検診は子ども達の骨軟骨障害を発見するためのものです。検診の主な目的は重症化しやすく選手生命を奪う、離断性骨軟骨炎の早期発見・治療にあります。離断性骨軟骨炎は骨の未完成な小学生時にほとんどが発生し、早期に発見し治療すれば完全に治ります。痛みがあまり無いことと、軟骨がはずれるまでに1~2年以上かかることから、本人も周囲も障害に気づかずに投げ続けることになります。痛みが続くようになってから、病院を受診したのでは手術を要したり、手術をしても完治しないこともあります。このようなことから症状のない時に検診を行い超音波やレントゲンなどの画像検査をする必要があります。指導者・保護者の皆さまには成長期野球肘の実情をご理解頂き、未来のある少年野球の選手生命を守るためにも検診に参加頂きますようお願い申し上げます。検診内容としては下の写真があります。

大会や検診会場での野球肘検診の内容

目　　的　重症化しやすい野球肘の早期発見と治療

方　　法　肘の機能チェック
　　　　　肘の画像診断（超音波検査）

所要時間　１人数分

結果報告　その場で異常所見が見つかった場合にはレントゲン検査などが必要になるため病院等を受診していただきます。

新潟県青少年野球団体協議会発行の「野球手帳」より

「甲子園の優勝投手はプロで活躍できない」と聞いて……

桑田　僕は野球を始めたときから、とにかくプロ野球選手になりたかったんですね。ところが、高校一年で全国優勝したときに「甲子園の優勝投手はプロで活躍できない」という話を聞いたんです。ショックでしたね。俺、プロではダメなのかと。

それをきっかけに、本を読んで勉強するようになりました。そこで知識を得て、「ちょっと投げ過ぎたからアイシングしておこう」とか、いろいろやるようになったのです。

佐山　桑田さんの、その冷静な判断力というのはどこから来たのかな。

桑田　もう、何が何でもプロ野球選手になりたかったのですよ。そのためにはどうしたらいいのか、というのをずっと考えていたんです。

佐山　確かに「甲子園の優勝投手はプロで活躍できない」と、昔からよく言われていました。精神的な燃え尽き症候群とか、あるいは、甲子園での酷使がたたって肩やひじを壊してしまったとか、さまざまな要因があるでしょう。

実際、夏の甲子園優勝投手（戦後）で、プロで通算一〇〇勝以上したのは四人しかいません。尾崎行雄（浪商）、野村弘樹（PL学園）、松坂大輔（横浜）、そして桑田さんです。尾崎さんはプロで一〇七勝しましたが、活躍したのは実質六シーズンで、二九歳の若さで引退しています。また、桑田さんの後輩である野村投手の場合は、橋本清、岩崎充宏というほかのピッチャーと併用されていましたから、酷使されたという印象は薄い。甲子園をエースとして投げ抜き、プロでも一〇年以上にわたって第一線で投げ続けたピッチャーは桑田さんと松坂投手くらいですね。田中将大《まさひろ》（駒大《こまだい》苫小牧《とまこまい》。現・楽天）投手や藤浪晋太郎（大阪桐蔭《とういん》。現・阪神）投手が、今後どこまで活躍できるか楽しみですが。

桑田　（松坂）大輔はこの二、三年、故障で苦しんでいます。彼はまだ三〇代前半でしょう？　ここを乗り越えないといけないですね。

　はっきりしていることは、もし高校時代の僕が、上から言われたことしかやっていなかったとしたら、「プロで活躍できなかった甲子園優勝投手」で終わっていただろう、ということです。

佐山　やはり桑田さんは、自らの「知恵」で、トーナメントという「負けたら終わり」の過酷な世界を生き抜いてこられたんですね。ただ、それができる選手はごく限られた存在

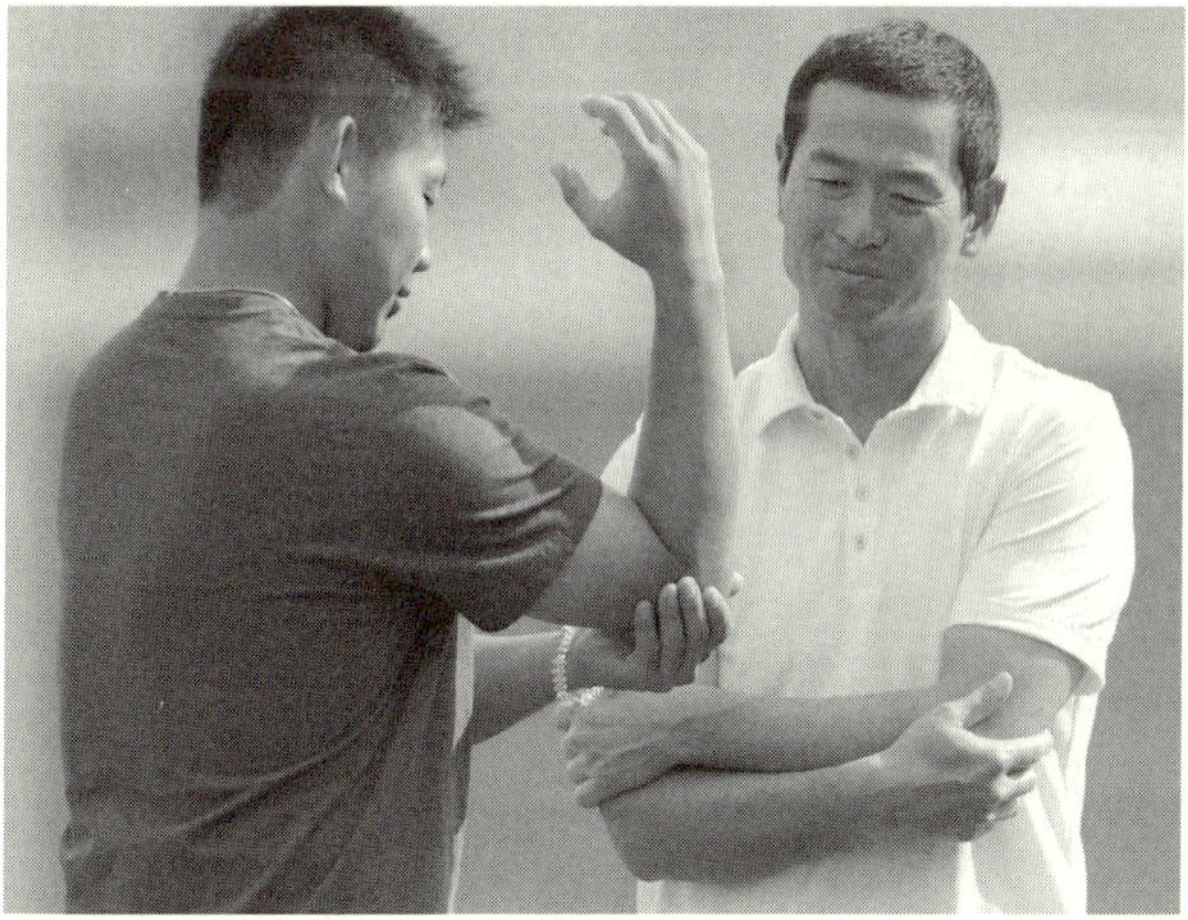

全盛時の状態に戻らず、苦しむ松坂を気遣う。
「甲子園優勝投手」にしかわからない苦しみがある

だということも、また事実でしょう。

桑田　いい選手であればあるほど、高校で燃え尽きてほしくはないですよね。だからこそ、トーナメントというシステム、「負けたら終わり」というあり方そのものを考え直していくことが必要だと思います。

スポーツで失敗するのは当たり前

佐山　「負けたら終わり」のトーナメントでは、一つの失敗が命取りになります。だから、日本の指導者は「失敗するな」「こういうことをしてはダメだ」ということを盛んに言いますね。

つまり、禁止事項を厳格に命じるわけです。そして、選手が禁止事項を守らないと、罵声や暴力が飛び交うことになってしまう。

でも、本来、指導というのは「こういうことをしてはダメだ」ではなくて、「こういうふうにしなさい」と言ってあげたほうがいいのではないですか？　野球でも、「おい、低めのボールを振ったらダメだぞ」と言うと、選手は逆に意識してしまって、たいてい、それを振りますからね。

桑田　「高めのボールを狙って打て」と言えばいいんですよ。

佐山　そうそう。その点、アメリカへ行って取材していると、彼らは言葉の使い方が違いますよ。

　たとえば、試合の中でミスをした選手がいます。試合後に話を聞くと、日本人なら「失敗しました」と言うところですが、アメリカの選手は「貴重な経験をしました。今後の試合にそれをいかします」という言い方をする。客観的に見れば明らかな失敗なのに、意地でも「失敗した」とは言わないんです。

桑田　スポーツで失敗するのは当たり前です。

　実際のところ、失敗の連続ですよ。野球なんか特にそうです。バッターは一〇回のうち三回打てば三割打者で一流ですし、投手だって、すべてのボールを思ったとおりのコースに投げることなんてできません。

　僕たちも「失敗したら負けるぞ」と教わってきましたが、でも、そうではないですよね。長年やってきて思うことは、「失敗したら負ける」のではなくて、「失敗を一つでも減らしたほうが勝てる」というのが正しい言い方です。
　そもそも失敗は付きものなので、最初から失敗を恐れてやっていたら、いいプレイはできませんよ。

佐山　野球がおもしろいのは、最初からエラーを是認したゲームだということです。球場のスコアボードに「Ｅ」という表示がありますね。言うまでもなく、エラーというのは失敗です。でも、野球はあらかじめ失敗が起きることを前提にしているんですよ。

桑田　どうしてそうなったのですか。

佐山　私の考えを言いましょう。
　当時、ヨーロッパからアメリカへ移民した人々は、それまでいたところでは生きられなくなったわけで、決して恵まれた人たちではなかった。だから新天地を求めてアメリカへ行ったのですが、行っても、そううまくはいかない。初めは誰でも、実人生において、何かしら失敗をするわけです。しかし、苦労をしながら、なんとか未来へ希望をつなごうとして生きた。ベースボールは、そういう時代と人々の間で発展したゲームです。
　だから、彼らは失敗に対して寛大なのです。失敗をするのは当たり前、という感覚が根底にある。

桑田　それが野球のルールにも反映しているということですね。

佐山　それに対して、日本は恥の文化ですからね。恥をかきたくない、失敗したくない、というメンタリティがどうしてもあるんですね。

近代スポーツの原点は「勝利至上主義への戒め」

佐山　一八七二（明治五）年に日本に野球を伝えたのは、第一大学区第一番中学（のちの東京開成学校、東大）の教師だったアメリカ人のホーレス・ウィルソンですが、同じ時期に、東京英語学校（のちに統合されて東京大学予備門、一高、東大）で教師をしていた、フレデリック・ストレンジというイギリス人がいます。彼はスポーツ万能で、ボートやクリケットの選手でした。イギリス人であるにもかかわらず、ウィルソンらにまじって野球の試合に出場した記録も残されています。

　このストレンジが、日本人に「スポーツマンシップ」というものを教えたのですね。

桑田　野球が伝わった時期と、「スポーツマンシップ」という考え方が伝わった時期が、ほぼ同時なのですね。

佐山　そういうことです。この二人の先生のどちらが欠けていても、日本の野球はいまのようになっていないと思います。ゲームを教えてくれたウィルソン先生と、それに魂を吹き込んでくれたストレンジ先生のお二人がいてくれたことは、私たちにとって実に幸運なことだったと思います。

　ストレンジ先生は、こういうふうに言っているのですよ。

「競技においてもっとも尊いのは、最善を尽くすことで、心残りがないようにすることだ。勝敗などは、第二の問題である」

桑田　なるほど。まず「勝利至上主義」を戒めているわけですね。

佐山　さらに、こうも言っています。

「たとえ試合に負けても、威容を正しくして品格を重んじて、巷《ちまた》の売技の徒と同一視されることのないように」

　また、「審判に文句を言うな」とも説いています。つまり、大事なのは品位であって、勝ち負けではないということです。

日本人が近代スポーツを学んだ〝原点〟にこういう教えがあったということを、我々はいま一度、思い起こすべきではないでしょうか。

第三章　「東大野球部」を指導する

一〇〇〇回の間違った練習より、一〇〇回の正しい練習

佐山　前章の最後では、明治時代の第一大学区第一番中学にかかわる話題になりました。第一大学区第一番中学は、現在の東京大学です。

　桑田さんは、その東京大学野球部で、二〇一三年一月から特別コーチをされています。非常に興味深い組み合わせだと思いますので、是非、そのあたりの話をうかがいたい。

　実際、やられてみてどんな印象ですか？

桑田　現場に行く前は、正直言って、皆さんと同じようなイメージを抱いていました。体力はなくて、技術もなくて、でも野球が好きな子たちの集まりなんだろう、と。でも、選手に接してびっくりしたのは、予想したより体格がいいし、技術もあるんですよ。

佐山　高校時代に野球をしていた選手はどれくらいいますか。

桑田　基本は野球経験者ですよ。中には、一人か二人ですけど「プロ野球選手になりたい」という子もいるんです。だから、いい意味で期待を裏切られました。やるじゃないか、と。

東大野球部の選手たちに「お手本」を見せる桑田特別コーチ

佐山　東大の選手の特徴というのは、どんなところですか。

桑田　まじめですね。それと、理解力がある。というか、理解力があり過ぎて、逆に困る面もあるんですよ。

　みんな勉強家なので、いろんな本を読んだりして知識は豊富なんです。それで、たとえば「いいとされていること」が一〇あるとすると、一〇個をいっぺんにやろうとする。でも、そんなことは無理じゃないですか。だから言ったんです。

「ちょっと待て。ステーキも魚もサラダも煮物も、どれも全部、体の栄養になるものばかりだけど、それらを一度に食べたら腹を壊すだろう？」って。

佐山　なるほど。

桑田　「どんな練習をやってるの？」と聞くと、「あれをやって、これをやって、これもこれもやってます」と言う。「それでうまくなったの？」と聞いたら、「いや、うまくなりません」。

　それで僕は、「間違った練習を一〇〇〇回やっても、間違いを上塗りするだけだから、うまくならないよ。それより、正しい練習を一〇〇回やったほうがうまくなると思わない?」と言ったんです。

佐山　桑田さんの持論ですね。「練習は量より質」ということだ。

桑田　はい。でも、そう言われると「間違いですか?」と驚くわけです。彼らにしてみたら、正しいとされている知識に基づいてやっていたことだから、驚くのも無理はないですよね。でも、本当に自分が必要としている練習が何なのか、「選択と集中」をキーワードにして、もう少し踏み込んで考えないといけないのです。

　まして東大野球部の場合、野球の練習ばかりやっているわけにはいきません。しっかり授業に出て勉強しなければならないから、短時間集中型の練習をやらざるをえない。どうしたら効率のいい練習をして技術を向上させられるか、選手とコミュニケーションをとりながら一緒に考えていく作業が続いています。

自分のイメージと実際の動きのギャップを知る

佐山　桑田さんはピッチャー出身だから、やはりピッチャーの指導が中心になると思うのですが、具体的にどんな指導をされているのか、聞かせてもらえますか。

桑田　まず、自分のイメージと実際の動きにギャップがあることを知るのが大切です。そのうえで、ギャップを埋めるためには何が必要かということを探っていく。

具体的には、まず映像を見ることです。僕は昔から、自分も含めて、いろいろな映像を見るのが大好きなんですね。映像はイメージではなくて、事実ですから。現役時代にも、「なぜあの球を打たれたんだろう」と思って、家へ帰ってビデオを見ると、シュート回転して真ん中寄りに入っていたことがわかるとか、そんなことが何度もありました。結局、打たれるボールというのは真ん中周辺なんですよね。

東大のピッチャーとも、彼らが打たれた映像を見ながら話をします。「いまのボール、どこに投げた？」、「真ん中ですね」。「このカーブは？」、「真ん中ですね」。「みんな真ん中周辺だろ？　真ん中じゃなくてアウトロー（外角低め）に投げたら抑えられると思わないか？　どうして、アウトローに投げる練習をやらないの？」と。

佐山　それよりも、もっと球のスピードを上げたいとか。

桑田　スピードが出たって、真ん中に投げたら打たれます。カーブ、スライダー、フォークなど変化球でも一緒です。どんな球種であろうと、打者がもっとも打ちにくいアウトローに投げないと抑えられないのだから、まずはそこへ投げる練習をしようよ、というのが僕の考え方です。プロ野球で歴代、「エース」と呼ばれた方々も、みなアウトローの制球力があったから実績を残すことができたのだと思っています。

佐山　そういう桑田さんの考え方を、東大のピッチャーたちに伝えたときに、すぐ納得するものですか。

桑田　指導論としてはまだ途中経過の段階なのですが、たとえば、こういうふうに話をしています。

「おまえ、バッターだったら、初球にアウトローにきたら打つか?」、「打ちません」。「なんで打たないの?」、「だって、打ってもヒットになる確率が低いじゃないですか。もったいないですよ」。「じゃあ、逆にピッチャーの立場で考えてみようよ。なんで初球からアウトローに投げないの。バッターは打たないのだから、簡単にストライクが取れてカウントを稼げるじゃないか」。

そうやってまず頭の体操をしてから、実際の投球練習に移ります。「いまから一〇球投げて、アウトローに何球いくかやってみよう」。せいぜい、一球か二球くらいですよ。

自分の経験上、試合になったら、どんなに調子がよくても、練習の半分くらいしか思ったところへ投げられないものです。そういう話をしたうえで、「練習で一〇球投げて、八球くらいアウトローへ投げられるようになったら、試合でも一〇球のうち四球くらいはいくようになるよ。そうしたら神宮でも試合がつくれるようになる。それを目指してやってみよう」と言ってモチベーションを与えています。

もちろん、一朝一夕でコントロールが向上するわけではありませんが、現状（二〇一三年五月）では、二人のピッチャーが、練習で八球くらい投げられるようになってきました。そういう進歩がすぐに試合結果に結びつくわけではありませんが、少しずつでもいいから、目に見える成果となって表れてくれればと思っています。

「本当に優勝したいと思っているの？」

佐山　身もフタもないことを言うと、東京六大学リーグは、東大以外の五校には、高校野球のエリートたちが推薦入学で入ってくるわけですね。だから、東大が優勝したことは過去に一度もありません。

余談になりますが、東大には長与又郎総長揮毫《きごう》の「一誠寮」の横額があるはずです。たしか二〇〇三年に私はこれを学士会館（東京・千代田区）で見た記憶があるのですが、よく見ると「誠」という字の「成」の部分の「ノ」がないのです。「なぜないのですか」と野球部出身の方にお聞きしたら、「六大学リーグで優勝したら、『ノ』を入れます」とのことでした。あくまで優勝を目指しての心意気に感銘を覚えました。

桑田　選手たちは毎日、練習前に「我々の目標は優勝だ」って言いますよ。

佐山　ああ、そうなんだ。

桑田　だから僕は、彼らに「本当に優勝したいと思っているの？」とはっきり聞いたんです。それに対して「したいです」と答えるから、こう言いました。

「優勝するためには、まず試合に勝たなければいけないよ。試合に勝つためには、具体的に何をすればいいか。ピッチャーだったら、相手のバッターを抑えることだ。バッターを抑える基本は、アウトローに投げられるコントロールをつけることだよ」って。

佐山　まさに、第一章で話した「遠い目的」と「近い目的」ですね。

桑田　率直に言って、東大にとって優勝というのは、まだまだ「遠い目的」というのが現実です。実際、先日のリーグ戦（二〇一三年春）では、早稲田に完全試合をやられてしまいました。

佐山　一九二五（大正一四）年以来、八〇年以上におよぶ東京六大学リーグの長い歴史で、完全試合は史上三人目という大記録でしたから、メディアでも話題になりましたね。やられた東大にとっては複雑な心境だったでしょう。

桑田　でも、あの試合のスコアをほとんどの人は覚えていないと思います。三―〇ですよ。大差のボロ負けではないのです。バッターは完璧《かんぺき》に抑えられてしまったけれど、こちらのピッチャーも、早稲田の打線に三点しか取られていないわけです。

僕にとっては、皆さんとは違うところで、希望が見えた試合でした。

質問に来た時点で「五〇％クリア」

佐山　指導する際の心構えのようなことは、何かありますか。

桑田　僕のほうから細かいことを言わない、ということですね。

「アウトローに投げよう」というような大きな方針は示しますが、それ以外の、個々の選

東大戦で完全試合を達成した早大・高梨雄平投手。
しかしスコアボードは僅差の試合だったことを示す

手の細かい部分について、僕から何かを言うことはしません。

佐山　それは、選手の自主性を重んじるということ？

桑田　そうです。最初のほうのミーティングで、こう言ったんですよ。「君たちは大学生だから、もう大人の入口に立っている。だから僕は、『おまえ、教えてやるからちょっと来い』というような指導はしません。聞きたいことがあったら、君たちのほうから来てください」って。

佐山　聞きに来れば、指導はするんですね。

桑田　もちろん、そのときはいろいろ話しますよ。それぞれの選手のフォーム、長所、短所、みんな頭に入っていますから。

佐山　でも練習を見ていると、つい、いろいろと言いたくなりませんか？

桑田　心の中では思いますよ。「あ、この子にこういうことを言ってやりたいな」って。でも、向こうから来るまでじっと待つようにしています。それで、僕のところに質問に来た時点で、その選手は「五〇％クリアだ」と思っているんです。

佐山　なるほど。来たことにすでに意味があるわけだ。

桑田　自分から聞きに行くという、この行動が、彼の悩みをすでに半分クリアしていると思うんです。だから、あとの半分について、僕がアドバイスしてあげればいい。

先日も練習に行ってきたんですけど、ブルペンで「ちょっと見てください」という子がいました。それでいろいろと教えていたのですが、その隣で投げていた子も「見てくれよ」という雰囲気を出しているわけです。僕もそれを察していたから、よほど何か言ってあげようと思ったのですが、我慢して、最後まで何も言いませんでした。

そして、練習の最後にシャドーピッチングをしているときに、ようやく僕のところに来たんですね。「すいません、ここのところを教えてください」って。「なんでブルペンで言わなかったの？」と聞いたら、「いや、勇気が出ませんでした」と。

佐山　そのまま練習が終わってしまったら、彼は後悔したでしょうね。でも、最後に勇気を振り絞って、自分から行動を起こした。

桑田　そうなんです。だから、「でも、いま言えたからよかったよね。これで悩みは半分クリアされたと思うよ」と。それで「ここはこうしてこうしたら、こうなるんじゃないの。やってみたら？」「あ、なるほどですね」。もうそれでクリアですよね。

試合の中で、個々が何を達成したか

佐山　東大の応援団関係者に聞いたのですが、最近は神宮球場へ応援に来る人の数が増えているそうですね。立教との試合では、向こうよりも数が多かったとか。

桑田　僕も見に行くと、スタンドに結構な数の人がいるのでびっくりします。

ただ、グラウンドの選手に目をやると、ピンチになると、みんな下を向いてソワソワしているんですよね。そういうのは、僕は許しません。

「打たれてもいいじゃないか。向かっていけ。ただし、やみくもに『エイヤッ！』でいってもダメだよ。自分の調子と相手バッターのデータは頭に入っているんだから、ちゃんと戦略を持って、向かっていけ」と言うんです。

佐山　ここまでうかがっていると、第二章で話をしたwarとbattleの比喩《ひゆ》と重なりますね。試合の勝ち負けという「大きな勝利」とは別に、個々の選手にとっての「小さな勝利」がある。桑田さんの指導を得て、東大の選手たちはいま、それぞれの「小さな勝利」を積み重ねているのではないですか。

桑田　試合の結果と、個々が何を達成したかは、また別ですよね。それは、逆の場合でも言えることです。

僅差《きんさ》で負けた投手が「惜しかった」と悔しがっていたので、「いや、惜しくないよ。まだまだだよ」と言ってやったら「え？」という顔をした。

「だっておまえ、アウトローにまだそんなに決まってないし、アウトになった打球だって、いい当たりだけど野手の正面にいったような、ラッキーなやつが多かったじゃないか。自分の力で打ち取ったと本当に思っている？」と聞いたら「いや、ラッキーでした」。「そうだろう。自分で『これでファウルを打たせよう』『これでゴロを打たせよう』『これで空振りさせよう』という意図を持って投げて、そのとおりに打ち取ったときに、初めて自信がつくんだよ。そのために、これからはもっと練習を集中してやらなきゃいけないよ」

そんなやり取りをしましたね。

佐山　なるほど。具体的な「目的」を、そこでも与えるわけですね。

「あと一センチ」という感覚

佐山　具体的ついでに、もうちょっと突っ込んでお聞きしたい。

先ほどからおっしゃっている「アウトローに投げる」というテーマですが、実際問題、どうやったらアウトローに投げられるようになるんですか。たとえば、どういうふうに体を使えばいいんだろう。

桑田　先ほどから言っているように、僕は手取り足取り教えないんです。ピッチング練習しているのをじっと横で見ている。それで、教えるのではなくて、たまに問いかけるんですね。

「いまのボール、高めにいったよね。どうしたらもっと低めに投げられるだろう？」。すると、「あと三〇センチ、いや、四〇センチですかね」と言うんですよ。

佐山　三〇センチ、四〇センチというのは、いわゆるリリースポイントのことですね。ピッチャーが投球動作に入って、腕を振り、最後にボールを放すポイントがどこにあるか。

桑田　そうです。早くボールを放してしまうと、高めへ抜けてしまう。だから低めに投げるためには、なるべく遅いポイント、つまりバッターに近いところでリリースしなくてはなりません。彼は、もう三〇センチか四〇センチ、バッターに近いポイントでボールを放したいというわけです。

佐山　桑田さん、どう答えるんですか。

桑田　「いや、違うよ。一センチ。あと一センチでいいんだよ」。

佐山　一センチですか。選手は驚くでしょう。

桑田　僕の答えは、「リリースポイントを一センチ変えたら、バッターのところで三〇センチから四〇センチ変わるから」です。

佐山　傾斜のあるマウンドから、一八・四四メートル先にいるバッターに投げるわけだから、ピッチャーの手元で一センチずらせば、バッターのところにボールが届いたときには、それが三〇センチ、四〇センチに増幅されるということですか。

桑田　そう言うと、みんな、投げるときの感覚がすごく繊細になってくるんですよ。それまでは「高い」「低い」というアバウトな感覚でやっていたのが、「一センチってこれくらいかな」と考えながら投げるようになる。そうすると、体が反応してくるんです。

準備、実行、反省

桑田　選手と対話するときは、頭ごなしに命令するのではなく、いろいろなことを語りかけています。たとえば、こんな感じです。

「いまの、ええボールやなあ。最高だよ。あそこにもう一球、同じように投げるにはどうすればいいと思う?」と自分で考えるよう促します。

「試合のマウンドに立ったら、誰も助けてくれないよ。自分でやらないといけないんだ。一球一球、投げることが実行だよ。実行したら、ストライクであってもボールであっても、それについて反省しよう。その反省をいかして準備しよう。そして、また実行。準備、実行、反省。この連続だよ。試合のマウンドでは一球一球が、その繰り返しなんだから」ということも話しています

佐山　先ほどおっしゃった、ブルペンで一〇球投げたら八球アウトローにいくようになった、というピッチャーとも、そんなふうにして対話されたんですね。

桑田　そうです。見違えるようにコントロールがよくなったものだから、「おまえ、誰や

ねん。弟が来たんか？　びっくりするわ、まぐれやろ」と言ってやりました。「いや、できます。絶対できますよ」と言うから「あ、そう。次が楽しみやな」って。

佐山　桑田さんは、興が乗ると関西弁が出るのかな。

桑田　大阪出身ですから、つい（笑）。

　それで、彼がブルペンから出て行ってから、キャッチャーを呼んだんです。「どうだった？」と聞いたら、「あいつのボールを三年間受けてますけど、あんなにいいコントロールで投げてきたのは初めてですよ」と言っていました。

佐山　そうやってつねに意識付けしていないと、アウトローにきちんと投げたときでも、自分がどうやってそのボールを投げたのかわからないでしょうね。

桑田　普通の練習というのは、だいたい、「今日は八〇球投げます」「一〇〇球投げます」という感じで、力いっぱい投げるだけ、変化球の曲がりがよかったと納得するだけ、球数だけで満足している。試合で生きるピッチングをしていないんですよ。

力の入れ方ではなく、バランスが大事

佐山　でも、東大野球部に限らず、アウトローに投げるというのは、ピッチャーにとって簡単なことではないでしょう。

桑田　いちばん難しいですよ。プロでも難しいです。だいたい、力んで投げたら、右投手だったら右打者のインハイ（内角高め）にいきますから。アウトローの対極ですよね。名前を出して申し訳ないですが、巨人の澤村《さわむら》（拓一《ひろかず》）なんか、インハイばっかり。僕がもしバッターだったら、そこしか狙わないです。ストレートもスライダーも、インハイにしかこないんだから。

僕は現役時代、それを利用していました。ここはインハイに投げておきたいな、というときは、わざと力んで投げる。そうしたら、自然とインハイへいくわけです。反対に、アウトローへ投げるときは、全力で投げてはいけない。力んだらダメです。力の入れ方ではなく、バランスを考える。ボールを放す最後の最後まで、バランスに注意しながら投げてあげると、アウトローへピシャッといくわけです。

佐山　プロの世界で成功するピッチャー、エースと呼ばれるピッチャーは、その「バランス」ができているということですね。

桑田　ピッツバーグ・パイレーツに入団したときの思い出ですが、最初の春季キャンプのとき、僕は選手の顔も名前もわからない。だから当然、誰がエースなのかもわからない。でも、ブルペンで投球練習を見たら、誰がエースなのかすぐにわかったんです。球のスピードとは関係ないですよ。

佐山　やはり、アウトローへのコントロールですか。

桑田　はい。キャッチャーがぱっと構えたら、そこへパンパンパン、と投げている人がいる。それが、エースと呼ばれるピッチャーでした。WBCを見ていても、いいピッチャーは、初球とか、ストライクが欲しいカウントで、いとも簡単にアウトローでストライクを取りますよ。

カーブを会得した瞬間

佐山　すると、桑田さんが東大のピッチャーに指導しているのは、プロのレベルと同じセ

パイレーツでも貴重な体験を得た。後方はヤンキース時代の松井秀喜

オリーということですね。

桑田　小学校でも中学校でも高校でも一緒です。いいピッチャーの条件というのは、どのレベルでも共通しているんです。

　自分の高校時代を思い返しても、配球はとにかくアウトローのストレート中心でしたからね。それでバッターが踏み込んできたな、と思ったときにはインコースへ投げて、タイミングが合ってきたらカーブを投げて。

佐山　桑田さんは、ストレートとカーブだけで全国優勝しましたからね。いまの高校野球のピッチャーは、変化球を五種類、六種類も投げるけれども。

桑田　変化球は種類を増やすよりも、決め球になる球種を磨きあげるほうが大事だと思っています。

佐山　ただ、桑田さんの場合はカーブでも何種類かあったんでしょう?

桑田　緩いカーブと速いカーブがありましたけど、それはボールの握り方を少し変えるだけです。中心から少し指を外して握ると、ふわっと抜けてスピードが出ない。速いカーブを投げるときは、逆に、ちょっと真ん中あたりを握って投げる。でも、感覚はほとんど一緒です。指一本分くらいの違いですよ。
ストレートも、僕は三種類くらいあるイメージで投げていました。さっきの話と関連しますけど、力の入れ具合を変えるわけです。七割の力で投げるストレート、八割の力で投げるストレート、全力で投げるストレート。バッターに与える印象はそれぞれ違うわけです。それだけでも、三種類の変化球になるんです。

佐山　そもそも桑田さんは、高校一年で甲子園に出るまで、カーブを投げられなかったそうですね。驚くべき話だけど。

桑田　そうなんですよ。それまではストレートしか投げられなかったんです。カーブの練習はずっとしていましたが、なかなかうまくいかなかった。目先を変えるために試合で投げてはいましたが、カーブとは名ばかりで、まったく曲がらなかったんですよ。

　それが、甲子園のマウンドで〝曲がらないカーブ〟を投げようとしたときに、ちょっとした弾みで、いつもの握りから指が少しずれてしまったんですね。投げる瞬間、「まずい、すっぽ抜ける」と思ったのですが、それがびっくりするくらい曲がって。そのとき、「ああ、指をここまでずらせばいいんだ」ということがわかりました。運がよかったですし、野球の競技力は右肩上がりではなく、あるとき急に伸びていくということを実感しましたね。

佐山　しかし、そういうポイントを瞬時に察知できたということは、普段の研究というか、意識付けがあったからでしょう。先ほどの話と関連しますが、意識付けをしないで練習していたら、たまたまいいボールを投げられたとしても、なぜ自分がそういうふうに投げられたのか、わからないですからね。次に同じボールを投げろと言われても、投げられない。

そういう意味で、桑田さんの東大生に対する指導セオリーは、ご自身の体験に立脚したものであるということがよくわかるエピソードだと思います。

自分で試行錯誤して、考えて、発見する

桑田　僕はしつこく「アウトロー」という話をしてきましたが、すべての選手に同じやり方を強制するつもりはありません。

一例をあげると、「僕のボールはシュート回転するんです。どうしたらいいでしょうか」

という悩みを相談してきたピッチャーがいたんです。

佐山　シュート回転というのは、右ピッチャーの場合、ストレートを投げているつもりなのに、右バッターのインサイドへ曲がっていってしまう球筋ですね。つまり、外角を狙って投げると、真ん中周辺にボールがいってしまう。

桑田　その子に、僕はこうアドバイスしたんです。

「シュート回転するんだったら、そのボールを軸にしようよ。だから、君の場合は、右バッターのアウトローじゃなくて、インロー（左バッターのアウトロー）にいつでも投げられるように練習をしてみたらどうかな」って。発想をガラッと変えてみたわけですね。

　それでしばらく練習していたら、インローのコントロールがつくようになったんですが、そうしたら「シュート回転しなくなりました」と言うんですね。インローに投げるという「目的」に従って練習していたら、体重移動がしっかりしてバランスがとれるようになった。その結果、フォームに「軸」ができたということだろうと思います。

佐山　セオリーはセオリーとして、柔軟な発想も必要ということですね。

　同時に、そのエピソードは、桑田さんが意図したものを超えて、そのピッチャーが自らの試行錯誤から体得した結果であることに意義がありますね。

桑田　試行錯誤と言えば、細かい話ですけど、マウンドにプレートがありますね。僕は現役時代、プレートの一塁側を踏んだり三塁側を踏んだり、状況によって使い分けていたんですが、それをいつごろからやり始めたのかと思って、ビデオをずっと見ていったんですね。そうしたら、高校一年のときに、すでにやっていたんですよ。

佐山　ほう。一年のときからやっていましたか。

桑田　ほとんどは三塁側を踏んで投げているんですが、バッターを追い込んだりすると、一塁側を踏んで（右打者の）インコースへポーンと投げたりしているんですね。

佐山　バッターにとっては、対角線で食い込んでくるボールですね。

桑田　逆に、三塁側を踏んでアウトコースへ投げたりとか。「うわ、一五歳からやってる」と自分でも驚きました。

佐山　それはやっぱり、誰かに言われたわけではなくて、自分で考えてやってみたことでしょう。

桑田　そうです。それが大事なところですよね。自分で試行錯誤して、考えて、発見していく。そういう選手を、僕はこれから育てていかなくてはいけないと思うんです。

そして、殴ったり怒鳴ったりしているうちは、そういう選手は絶対に育たないと思います。東大野球部で実践している指導方法も、そういう試みの一環ですね。

試行錯誤しながらピッチングを追究していた高校時代

第四章　「新しいスポーツ観」を構築する

アメリカの高校野球を見て

佐山　桑田さんは、二〇一三年のＷＢＣでテレビ中継の解説を担当されました。決勝ラウンドが開催されたサンフランシスコにも行かれましたね。日本は準決勝で敗れてしまいましたが、勝ち負けとは別に、いろいろとお感じになったことがあるでしょう。

桑田　もちろんＷＢＣの取材が目的で渡米したのですが、取材の合間に、アメリカの高校野球を見てきたんですよ。

佐山　ほう。それは練習試合ですか。

桑田　リーグ戦の試合でした。そこでびっくりしたのは、初回から送りバントをするんですよ。それだけではなくて、試合の序盤、二回か三回にスクイズをやるんです。

佐山　いわゆる〝アメリカ野球〟のイメージとはまったく違いますね。

桑田　そうなんです。アメリカ人は体格とパワーを前面に押し出す野球スタイルで、その一方で、バントや足を絡めた日本式の〝スモール・ベースボール〟は苦手だと思われてきました。でも、ああいう光景を見て、アメリカにも〝スモール・ベースボール〟が浸透していることをまざまざと実感したのです。

それと、監督がピッチャーの球数をしっかりチェックしていて、一定の球数に達したら、そこで代えていくんですよ。もちろん、肩やひじに過剰な負担をかけないための措置ですが、僕はそれを見ていて、指導者としても、こういうやり方は勉強になると思いました。

日本的な考え方だと、エースが一人いて、そのエースをマウンドに上げたら、監督は、あとは何もしないじゃないですか。「エースに託す」と言えば聞こえはいいですが、要は、勝敗の行方を一人の選手に依存しているだけですよね。でも、球数に応じて複数のピッチャーを使わなければならないとしたら、普段の練習から試合での采配に至るまで、やらなくてはいけないことが格段に増えるわけです。それによって、指導者のレベルも向上するのではないでしょうか。

佐山　もうだいぶ昔の話ですが、私も、カリフォルニアで高校同士の試合を見に行ったことがあります。

野球部のバスに乗せてもらったのですが、ずいぶんプレイヤーの数が多いなと思ったら、グラウンドに行って驚きましたね。同時に四試合やるんです。両校の一軍同士、二軍同士、三軍同士、四軍同士が、それぞれ同時進行で試合をする。そして、「今日は三勝一敗だった」なんて言っている。広いグラウンドを確保できるアメリカだから可能なのかもしれませんが、日本で考えている「高校野球」のイメージとは全然違いました。

桑田　そうやって、なるべくたくさんの選手を試合に出すんですね。すばらしいことだと思います。

先ほどの、球数と投手交代の話とも関連しますが、日本でも、特定のエースやレギュラーを酷使するのではなくて、なるべく多くの選手を試合に起用していくスタイルを確立するべきだと思います。子どもたちにとってもプラスですし、指導者にとっても、そのほうが、本来の目的である「育成」に真摯《しんし》に取り組むことができるはずです。

WBCの意義は、切磋琢磨《せっさたくま》による競技力の高まり

佐山　WBCという大会をどういうふうにとらえるのか、さまざまな意見や見方があります。第一回大会が二〇〇六年で、ここまで三回、行なわれたわけですが、そのうち二回は日本が優勝したということで、国民的な関心は非常に高い。

桑田さんは、ＷＢＣのような国際大会が開催されて、それを多くの人が見るということについて、どう受け取っておられますか。

桑田　基本的には、いいことだととらえています。その理由は、ああいう国際試合をやることによって、競技力が高まるからです。「あの国はこんな野球をしている。それに対抗するには、もっとやらなきゃいけない」というような前向きの効果が、日本だけではなくて、参加した国すべてにあるだろうと思います。

先ほど話した、アメリカの高校野球に日本式の〝スモール・ベースボール〟が浸透しているという事実は、二〇〇六年大会、〇九年大会で日本がＷＢＣを連覇したことの影響ではないでしょうか。

佐山　そうやって、お互いに刺激を与え合うことが、野球をもっと世界的に普及させるためにも必要ですね。

日本は今回の大会で、ブラジルや台湾に大苦戦しました。野球先進国の日本に善戦したというので、ブラジルの野球熱はすごく高まったといいますし、台湾のプロ野球は観客動員が飛躍的に伸びていると聞きます。

桑田　オランダが準決勝に進出したのも驚きましたね。オランダの監督をやっていたヘンスリー・ミューレンは、かつてロッテとヤクルトに在籍していて、僕も対戦しています。僕がパイレーツに入ったときはバッティングコーチだったので、チームメイトでした。彼に聞いたら「日本の野球スタイルを取り入れているんだ」とはっきり言っていましたね。自分がアウトになっても走者を前に進める意味とか、そういうことを教えていました。

佐山　オランダ代表には、カリブ海にあるオランダの構成国のキュラソー島やアルバの選手が多かったから、カリブ海のチームといってもいいものでした。彼らが、日本のようなスタイルの野球もあるということを知るのは、とても意味があることですね。

桑田　一方で、日本にとっても、勉強になることがいろいろあったと思います。

日本は準決勝でプエルトリコに敗れましたが、特にすばらしかったのが相手のキャッチャー、ヤディアー・モリーナでしたね。肩が強いことは知っていましたが、それだけではなくて、キャッチングの技術が見事です。

日本のキャッチャーもテクニックはあるんですけど、そのテクニックをいかす方向が違う。日本のキャッチャーは、捕球した瞬間に、ミットを微妙に動かすでしょう。

2013年WBC。好捕手モリーナ（左）の前に日本は敗れた

佐山　やりますね。

桑田　ＷＢＣを見ていたら、その日本的なテクニックは完全に逆効果でした。国際試合の審判は、ミットを動かしたら絶対に「ストライク」と言わないです。ボールなのに審判をだまそうとしている、とジャッジするからです。逆に、モリーナは全然動かさない。ポン、と止めるような、きわめて自然なキャッチングをする。そうすると、審判が「ストライク」と手を上げるわけです。

日本を倒したプエルトリコの「戦略」

桑田　プエルトリコは、日本と戦うにあたって、ある「戦略」を立てたと聞きました。それは「間合い」だというわけです。

日本の野球は、投球と投球との間隔がだいたい二〇秒くらいある。彼らはそういうスタイルに慣れ切っている。だから、ピッチャーは一〇秒以内で投げろ——という指示をしたらしいです。確かに、日本のバッターは戸惑っていましたよね。まだ構えに入っていないのに投げられたりとか。それでは、自分の間合いで打つことができません。

実際、メジャーリーグを見ていても、投球間隔は日本のプロ野球より短いですよ。逆に言うと、日本が長過ぎる。日本のバッターは、ゆっくりと自分の間合いをつくって「はい、できました。さあ、投げてください」というテンポで打つ癖がついているので、それを乱してやろうというのが彼らの戦略です。日本野球の特徴が、そういうふうにマークされ、研究されているんですね。

佐山　日本のプロ野球は、球団数が少ないでしょう。そうすると、同じ相手と何度も当たるわけですね。したがって、ピッチャーもバッターも相手のことを熟知していて、その分、いろいろと考えてしまう。そうなると、必然的に「間合い」が長くなっていく。

でも、アメリカやラテン諸国の野球は、そこまで相手のことを深く考えるわけではないし、考える必要もない。相手のことよりも、むしろ自分のリズム、テンポを重視する。

そういう、異なる野球文化がＷＢＣという舞台で戦っていたのですね。

桑田　相手の真似《まね》をすればいいというものではないですが、野球のリズムやテンポということを、考え直すきっかけになるかもしれないですね。細かい話ですが、日本の野球だと、キャッチャーがピッチャーに返球するとき、立ち上がって、いちいち二、三歩前に出てから投げる選手もいます。向こうのキャッチャーは、座ったままシュッと返球しますよ。

佐山　そこでリズムがつくられるんですね。本来、ピッチャーというのは一秒でも早くボールを手にしたいわけだから、「早く返せ」と思うんじゃないですか。

スポーツの二面性

佐山　私がＷＢＣについて思うのは、「スポーツの二面性」ということなんです。少し長くなりますが、説明しましょう。

普段戦っているメジャーリーグのチームは、要するに「多国籍軍」ですよね。いろいろな国から選手たちが集まってきて、一つのチームを構成する。たとえばニューヨーク・ヤンキースには、アメリカ人選手だけでなく、ラテンアメリカ諸国の選手もたくさんいるし、イチローや黒田博樹のような日本人選手もいます。その形態は、まさに、アメリカという国の理想を体現しているわけです。出自や国籍の違う人たちが助け合って、一つの目的に向かって力を出し合う。

ところがＷＢＣになると、国別のチーム編成になるわけですね。せっかく「多国籍軍」

という理想の形態でやっているのに、それを解体して「国軍」を編成する意味がどこにあるのかな、と考えるのです。

　スポーツは、お互いが結び合うためにやるものだと思います。試合をすることで、お互いを理解し合う。ところが「国軍」同士の試合になると、どうしても逆のベクトルが働いてしまう。試合をすることで、仲が悪くなってしまうというケースが往々にしてあります。二〇一三年のＷＢＣでも、カナダとメキシコの試合で大乱闘があったでしょう。

桑田　ありました。メキシコのピッチャーが故意にデッドボールを投げたということで大乱闘になって、両軍合わせて七人が退場になりました。

佐山　サッカーのワールドカップでも、観客同士の喧嘩《けんか》なども含めて、過去にいくつものトラブルがあります。お互いに結び合い、仲間を増やすために行なわれるはずのスポーツが、むしろ敵を増やす方向に作用してしまうことがある。

　スポーツというのは、つねにそういう「二面性」を抱えているというのが、私の意見なんです。

なぜ、メキシコはアメリカに強いのか

桑田　オリンピックも、建て前では「世界平和のための祭典」ということになっていますが、始まると「メダル争いはどこの国がいちばんか」という話になりますね。

佐山　スポーツとは、フェアであるべきなのに、アンフェアを助長する部分がある。健康増進のために行なうはずなのに、健康を害する場合がある。夢を与えているはずなのに、絶望しか与えていない場合もある。ナショナリズムを否定するはずなのに、ナショナリズムを強化するケースがある。そういう「二面性」が至るところにあります。そういった「二面性」は何にでもあることですが、特にスポーツには顕著だと思います。

第二章で桑田さんが指摘された、小学生が投げ過ぎでひじを壊してしまうという話は、「スポーツによって健康を害する」一例です。そして、第一章で話し合った体罰、暴力をめぐる問題は、「スポーツのアンフェアな側面」にほかなりません。

要するに、スポーツを行なうにあたって「二面性」から逃れることはできないのです。言ってみれば、半分腐ったリンゴを食べるようなもので、いいところだけを口にしたいの

なら、それなりの用心が要る。その意識を持つのか、持たないのか。腐った部分を捨て去る工夫を考えねばならない。

大切なのは、やるのは人間だということです。スポーツ自体には何の責任もない。要は、やり方の問題なのです。

桑田　そうすると、ＷＢＣについても、「野球を世界的に普及する」という目的と、「国別編成でナショナリズムが煽《あお》られる」という二面性を考えないといけないですね。

佐山　必ずそういうものが付きまとうのです。

やや余談になりますが、ＷＢＣの過去三大会で、メキシコは大事なゲームでよくアメリカに勝つんですよ。なぜ、メキシコはアメリカに強いのか。それは、ナショナリズムから発する「恨みの力」によるものだと私は考えています。

メキシコ人は、「国土の五二％をアメリカに奪われ、労働力の搾取も受けた」と主張します。中南米の国々には、たいてい、そういう恨みがあります。また、独立運動の資金を野球で賄ってきたという歴史が、多かれ少なかれ、そういった国々にはあるのです。野球をやるという名目で集まって、金を集めて、それを独立運動に使ったんですね。

2006年WBC。アメリカを倒して歓喜するメキシコの選手たち

メキシコをはじめ中南米の野球というのは、そういう〝伝統〟に立脚している。だから、アメリカ戦になると異常な執念を燃やして戦うのではないでしょうか。

桑田　二〇〇六年の第一回大会では、メキシコがアメリカに勝ってくれたから、日本が決勝ラウンドに進むことができたんですよね。

佐山　メキシコはすでに予選敗退に限りなく近づいていて、いわば〝消化試合〟的なゲームだったにもかかわらず、アメリカに勝ってしまった。普通では考えられないですよ。

体罰は「日本のスポーツの二面性」の端的な表れ

佐山　メキシコの一例は、日本の外には、我々が想像できないような形での「凄《すさ》まじい勝利への執念」があることを示していると思います。同時に、そういった勝利への執着が、容易に「勝つためには手段を選ばず」に転化する風土があるということも指摘しておかなくてはなりません。

　第二章でステロイド常用疑惑について触れましたが、それ以外にも、メジャーリーグには「勝つためには手段を選ばず」から発する負の部分がたくさんあるでしょう。

「コルク入り」の疑いをかけられ、X線検査された
サミー・ソーサのバット

桑田　コルク入りのバットを使用したり、ボールにヤスリなどで傷をつけて変化させたり。そういうルール破りがいくつもありますね。日本の野球では、そういうことはまず考えないのに。

佐山　考えないでしょう。つまり、インチキをしない文化、正々堂々とプレイする文化が、日本の野球が世界に誇るブランドなのです。そこには、ストレンジ先生が明治初期に教えてくれた「スポーツマンシップ」が確実に生きている。そういうことが、ＷＢＣのような国際大会や、野茂《のも》英雄、イチロー、松井秀喜《ひでき》のような日本人メジャーリーガーのプレイスタイルを通じて、世界の中で認められてきたはずなんです。

桑田　そう思います。だからこそ、「体罰」の話をすると、外国の人はびっくりするんですよ。

佐山　そこに、日本のスポーツの「二面性」が端的に表れている。柔道の「暴力」にフランス人が驚いたのと一緒ですね。高校生のピッチャーが過剰な球数を投げることに対して「信じられない」と書いたアメリカの新聞もありました。

日本のスポーツ選手はあんなに立派な態度で試合に臨むのに、日本の指導者は信じられないふるまいをしているらしい。これはどうなっているんだ、ということですね。

桑田　僕がメジャーに行ったときに教えられたのは、止めることも指導者の役目なんだな、ということです。

監督やコーチが、チームドクターに「あの選手の状態はどうだ」と聞くと、ドクターが「まだ無理です」と言う。そうしたら、監督やコーチは「わかった」と言って納得する。アメリカは、チームドクターがダメと言ったら絶対にダメなんですね。「専門家の判断なのだから、仕方ない」ということで。

日本は違うんです。チームドクターから「ダメだ」と言われているのに、監督やコーチに「やれるだろう」と聞かれたら、選手は「はい、やります」と言ってしまう。それが日本の野球界です。プロもアマチュアもそうです。

日本の指導者は、選手に何かをやらせることばかり考えている。でも、選手に何もやらせない、選手がやろうとすることを止めるのも指導者の仕事じゃないかということを、僕はアメリカで痛切に感じたのです。

プロ出身者なら正しい指導ができるのか

佐山　二〇一三年一月に、日本の野球界には大きなニュースがありました。プロとアマチュアとの、いわゆる「雪解け」です。

日本高校野球連盟が、これまで「プロ野球経験者による高校野球指導の条件」としてきた「教員免許取得と、二年間の実務経験」を撤廃するとプロ側に提案しました。一定期間の研修を受ければ指導者資格が得られるようにする、というのです。そして六月には、研修制度の要綱が正式決定されました。それによると、まずプロ側での研修を一日受け、そのうえで、アマチュア側の研修を二日間で一〇講座、受講するというものです。

これによって、元プロ野球選手が高校野球の監督やコーチに就任するためのハードルは大幅に低くなりました。いや、事実上、ハードルがなくなったと言ってもいい。

元プロ野球選手である桑田さんは、まさに当事者の一人ですが、この「雪解け」についてどう考えていますか。

桑田　もちろん、原則的には「いいこと」だと思います。でも、考えなくてはならないのは、指導者のポストをめぐって、アマチュアの指導者の雇用問題に発展するかもしれないということです。

佐山　「雪解け」が決まった翌日のスポーツ新聞は、さっそく書きたてていましたからね。「桑田真澄がＰＬ学園の監督になる」とか「松井秀喜が星稜《せいりょう》の監督になる」とか。

桑田　選手の立場に立てば、「プロ出身者に教えてもらいたい」という気持ちはあるでしょう。ただ僕は、指導者は技術だけを教えてもダメだと思います。

佐山　教えてほしいこともたくさんあるし、教えてくれなくていいこともたくさんあるのではないですか。

　プロ出身者は高度な技術を身につけています。また、選手としてやっていくための貴重なノウハウも体得しているはずです。たとえば、「こうしたらケガが防げる」とか「体のケアはこうしたらいい」とか、そういうことは積極的に教えてもらいたい。

　ただ、プロならではの、高度な技術ならぬ「姑息《こそく》な技術」があるでしょう。ここまではぎりぎりボークにならないとか、審判の目を盗むテクニックとか。そういうことは、教えてくれなくていい。

桑田　あと、若い選手とのコミュニケーション能力については、アマチュアの指導者のほうがあるかもしれないですね。プロ野球選手はそういう勉強はしていないですから。

佐山　あえて言えば、指導者になってもらっては困る人もいるんです。

桑田　ロールモデルになるように、見本を示してあげるということも、僕は指導者の大事な要素だと思います。口で言うだけではなくて。「努力しろよ、節制しろよ」と言っても、自分が走れないほど太っていて節制していなかったら、説得力がないですよね。

佐山　「オレは反面教師だ」って開き直る人もいますけどね。それでは困る。

一〇〇〇敗しても愛されるチーム

佐山　高校野球について言えば、一つ、大きな誤解が一般にあると思います。いわゆる「夏の甲子園」と呼ばれる大会がありますが、本当の「大会」は、じつは、甲子園に来る前の地方大会だということです。

桑田　一般的には「予選」と呼ばれていますね。

佐山　「夏の甲子園」には「予選」という言葉はありません。それぞれが大会であって、たとえば、和歌山県で行なわれるのが「和歌山大会」なのです。そこで優勝した学校が甲子園に行くわけですが、それは、「大会に優勝したご褒美」と考えるべきものです。全国に四九ある地区の大会で優勝したチームが一堂に会して、甲子園という会場でお披露目をする。それが「夏の甲子園」の、本来の意味だと思います。

それなのに、甲子園へ行くとなったら、校友会や保護者からたくさん寄付金を集めて大騒ぎになる。そして、「一度も勝たずに帰ってくるな」とか、とんでもないことを言う人たちが、いまでもたくさんいるわけです。

桑田　大阪の代表なんか、「勝って当然」と思われています。一回戦で負けたりしたらたいへんですよ。

佐山　でも、本来はそういうものではないのですよ。日本各地の、それぞれの大会で優勝したチームというのは、いったいどんな野球をやるのだろう。どんな選手がいるのだろう。それを見るのが「夏の甲子園」なのであって、いまの日本でどの学校がいちばん強いのかを知りたくてやっているわけじゃない。ところが現実は、最後に勝ち残る一校を決めるための過酷なトーナメントが繰り広げられる。その結果、どのチームも「負けられない」悲壮感に覆われてしまう。

桑田　そうですね。だから指導者にもプレッシャーがかかってくるんですよね。

佐山　そんなものとは違うはずだったんじゃないですか、と私は言うんです。

メディアも観客も含めて、我々は、勝ち負けを超えた価値というものに、もっと目ざとくならないといけません。第二章で桑田さんがおっしゃった、「勝利を目指すプロセス」を楽しめるような、新しいスポーツ観を構築しなくてはならない。

私は以前、メジャーリーグのフィラデルフィア・フィリーズが通算一〇〇〇〇敗した試合を現地で取材して、本を一冊書きました（『大リーグ・フィリーズ10，000敗——〝友愛の町〟球団が負けても負けても愛されるわけ』志學社、二〇〇八年）。フィリーズは一八八三年に創立された古参球団で、創立から一二五年目の二〇〇七年に、通算一〇〇〇〇敗というメジャーリーグ史上初の記録をつくったのです。すべてのプロスポーツの中でも初めてという「大」記録でした。

桑田　単純計算で割っても、一年で八〇敗。それを一二五年ですか……。

佐山　普通、それだけコンスタントに負け続けていたら、チームはよその街へ移転するか、消滅するかですよ。ところがフィリーズは、フィラデルフィアという街とともに、ずっと

フィリーズの選手とファン。勝利の喜びも敗北の悲しみも、ともに分かち合う

生きながらえてきました。「勝つことの楽しみ」だけではなくて、「勝利を目指すプロセスの楽しみ」を共有する価値観が、チームと街の人々との間に共有されてきたことの証《あかし》だと思います。

桑田　長い歴史の中で、地道な取り組みが行なわれてきたのでしょうね。

佐山　一例をあげますと、フィラデルフィアの街を六つの地区に分けて、各地区の少年野球を、球団がずっと指導しているんですね。フィリーズの選手たちが、地区ごとに担当を決めて、直接出かけていって指導するのです。そして、年齢別にもいくつかの段階を設け、六地区の間でリーグ戦をやって、その優勝戦を、毎年、フィリーズの本拠地球場でメジャーリーグの公式戦の前座として行なう。そういう伝統があるのですよ。だから、あの街で育った少年やその家族は、みんなフィリーズの熱狂的ファンになっていく。そのファン心理は、勝ち負けを超えた価値観に支えられているわけです。

九九九九敗したあとのセントルイス・カージナルスとの三連戦は、超満員。記録達成の瞬間には「よくがんばった！」と、大歓声と拍手喝采《かっさい》。ファンによるパレードもありました。

ロシアの野球少年・野球少女

桑田　佐山さんにアメリカの話をうかがいましたが、僕はこの前、ロシアに行ったんですよ。

佐山　野球の指導ですか?

桑田　そうです。以前から、あれだけの大国が野球に本格的に取り組みだしたらすごいだろうなと思っていたので、興味津々で。

佐山　指導したのはどういう年代ですか?

桑田　小学生、中学生ですね。二日間指導しましたけど、いい子がいるんですよ。足が速くて、筋肉が柔らかくて。バッティングをさせたら力があるし、かなり素質のある左ピッチャーもいる。潜在能力の高さを痛感しました。女の子もいましたよ。すごく活発で、男子と同じように、硬式のボールで普通にやっていました。

それで、地元のスポーツ庁が、野球場をつくる約束をしてくれたんです。だから、これからも定期的に行きたいんですよね。

佐山　そもそも、向こうから「指導に来てくれ」という要請があったんですか。

桑田　そうです。しかも、「アメリカ式のベースボールじゃなくて、日本の野球を教えてほしい」という話でした。

佐山　それは興味深い。

桑田　早稲田の大学院で同期だった人を通じて要請されたのですが、正直、驚きましたね。それで、向こうに行ってスタルヒン（巨人創立時の名投手。帝政時代のロシア生まれで、ロシア革命後、迫害を逃れるため家族とともに日本に亡命。北海道・旭川中で野球を始める）の話をしたら、みんな喜んでいました。僕が「野球の話をするよ」と言ったら、ちゃんと座って、熱心に聞いている。とてもまっすぐな態度で、いわゆる「すれている」子はいなかったですね。

僕は、自分が指導に行くだけではなくて、彼らを日本に呼んであげたいんです。夏休みとかを利用して。それで、たとえば、東京ドームでプロ野球の試合を見せてあげたい。

佐山　きっと驚くでしょうね。野球の試合に五万人近い人が集まって、熱狂している光景なんか想像もできないでしょうから。

桑田　そういうことが、きっと日ロ両国の将来につながっていくと思うんです。野球の普及というだけではなくて、お互いの国の理解にもつながるはずです。

佐山　ロシアで野球が盛んになって、競技のレベルが向上したら、また、新しいスポーツの世界が広がりますね。それは楽しみだ。

桑田　彼らが真剣にやり始めたら、そんなに年月はかからないと思いますよ。

佐山　東大野球部とロシア選抜で試合をしてみたら、おもしろいかもしれないですね。是非、桑田さん、プロデュースしてください。

ロシアの野球少年・少女たちと

おわりに

佐山和夫

この対談は、二〇一三年五月一〇日、大阪梅田のホテル「ザ・リッツ・カールトン大阪」の一室で行なわれたものだ。桑田真澄氏と私との対談書としては、『野球道』に次いで二冊目である。

その間にも、桑田氏にはお忙しい時間を割いていただき、私の地元に近い紀州白浜に来てもらって、楽しく語り合ったことがあった。日本の野球界についての話題や、ＷＢＣ絡みの話もあって、興味は尽きない。これはもう一度、ゆっくり語り合い、それを本にして残すのがいいのではないかと思ったのがきっかけだ。

集英社の千葉直樹氏に相談してみると、こちらの意図を深く理解していただき、早速、実現に移してもらったという次第。まずは千葉氏の熱意とご努力に感謝したい。

桑田真澄氏が、スポーツに関して当代きっての論客の一人であることは、いまさら言を俟《ま》たない。少しの間でも会わないでいると、もう驚くばかりの前進と充実を会話で示されるお人だ。まさに「男子三日会わざれば刮目《かつもく》して見よ」である。

今回は、三日の何倍もの時日のあとのことだったから、やはり、その球威の成長は「見モノ」であった。内に切れ込むシュートの球勢、外角に収まるカーブの鋭さ。そして、持ち前の真正面からのストレートの伸び……。

なるほど桑田氏は稀代の名投手だ、とあらためて感心したが、同時に、自分が持つ球威のみを過信することのない公正にして冷静な状況判断にも、私は心打たれた。

このところのスポーツ界のあれこれが、彼に発言の機会をさらに増やしたということもある。その切り口がさらに鋭くなり、論旨がより明確になっていったのは、それらが彼に、さらに深く考えることを求める機会となったことを証明するものだろう。

ＰＬ学園時代のことに関しても、従来の話より、もう一歩踏み込んだ経験談を提供してくれた。これは私が引っ張り出したというより、いまの日本スポーツ界の状況、あるいは社会全体の状態が、その発言を促したのである。

実際、スポーツ界には、このところ爽快感とは逆の風を起こすことが次々にあった。国技の相撲界しかり、柔道界しかり、野球界またしかり。そして、もっとも基本的なスポーツの場である学校における暴力行為が、次々に明るみに出た。

それらは悲しい出来事ではあったけれども、反面、いい面もなくはなかったという気がする。スポーツのことが、それほど大きな社会的問題とされて、一般に語られるようになったことだけでも、進歩と言えば言えるからだ。

スポーツについては、文句も批判も部外者には一切言わせない、という雰囲気が、以前はあった。それから脱したというだけでも、私たちは喜ばなければならないのではないか。

社会の誰もが、スポーツを自分たちのこととして語るようになったのも当然だった。二〇一三年七月、独立行政法人「日本スポーツ振興センター」が行なった発表で、一九九八年度〜二〇一一年度の一四年間に、全国の小中高などで体育の授業や部活動中に起きた頭や首を強打したことによる死亡事故が五七件、重度障害事故が一一〇件もあったことがわかったからだ。事故は「競技経験の浅い初心者に起こりやすい」ことも、いよいよ明白になった。

また、同年六月には、日本高野連は全国の加盟校（四〇三二校）を対象にした実態調査の回答を発表した。それによると、体罰問題についての質問に対し、「絶対にすべきでない」としたのが三六〇五校（八九・四％）だったが、「指導する上で必要」という答えが三九三校（九・七％）もあったことがわかった。およそ、一〇校に一校が体罰を「必要」としたというのである。

これでは、子どもを学校へ送り出したあとも、親御さんたちは安心はしていられないということになる。

本文でも多少は述べたように、スポーツには本来的に二面性がある。いや、スポーツに限らず、何事にもそれはある。スポーツにおいて、特に顕著にそれが見出せるということなのだと思うが、その落差の大きさに無関心でいることの危険に、私たちは否《いや》でも応でも気づかされたのだ。

健康のためにと思ってやっていることが、そのまま健康を害する行為であることも、あまりにも多い。

スポーツに将来の夢をかけよと奨励しながら、結果的には絶望しか与えられていない場合もあるとなっては、何をか言わんや。

スポーツはフェアプレイの精神を育てると信じられているが、それは果たして事実か。

もしもそれが本当なら、学校や大学のスポーツにおいても、一年生から上に進むにつれてフェアの精神が高まるはずだが、事実はどうか。むしろ、上に進むほど、アンフェアなプレイをするようになってはいないか……等々。

スポーツとは競技のことだとし、勝利がその最大の目的だとするところから、すべては始まっている。勝利以上の価値をそこに見出していなければ、勝たなかったのは失敗であって、無駄なことだとなってしまう。かくて、勝つことのみにこだわり、すべてを忘れ、すべてを犠牲にして省みない。そんな行為が本来のスポーツであるはずがない。

ひと口に言ってしまえば、私たちはアメリカ仕立てのビジネスとしてのスポーツに、あまりにも深く染まってしまっているのではないか。たった一つの「勝利」に目的をしぼり、「一将功成りて万骨枯る」過程を営業品目として提供する商業主義を、私たちは、あるべきスポーツの姿だと勘違いさせられているのだ。

人間生活に「気晴らし」が必要だとしたのは、イギリス人たちが最初だった。近代スポーツの故郷がイギリスだとされるわけがそこにある。たとえば同時代のドイツなどにも、身体を鍛える同様の活動があったとはいっても、彼らの運動は「戦時に役立たせる」ためのものであって、「戦争に勝つために」なされていたに過ぎない。正当な意味での「スポーツ」ではなかったわけだ。

日本のスポーツにも、最初は多分にそんなところがあって、むしろ「楽しんで」してはいけない雰囲気のものだったのではないか。武道を下敷きにして入れば、それもわからなくはなかった。

そして、多くの人がスポーツの何であるかを充分に知る前に、アメリカ型スポーツの登場を見てしまったというのが実態だ。

もちろん、日本にもイギリス式の本来のスポーツを推し進めようとした人はいた。本文でも紹介した、フレデリック・ストレンジ先生などがそうだ。一八七五（明治八）年、一高の前身校の一つ、東京英語学校の教師として着任した彼は、日本の学生たちに本来のスポーツを教えている。ボートも陸上競技も、彼が日本で初めて教えたのだったが、何より大事だったのは、スポーツマンシップを伝えたことだ。

彼の指導によって、日本で初めて本格的な陸上運動会が行なわれたが、ストレンジは、ただ単にスポーツの必要を説いただけではなかった。スポーツマンシップの精神を付け加えるのを彼は忘れなかった。スポーツをどんなに熱心にやっても、そこにフェアなスポーツマンシップの精神がなければ何にもならないことを、彼は熱心に説いたのだ。

「競技においてもっとも尊いのは、最善を尽くすことで、心残りがないようにすることだ。勝敗などは、第二の問題である」

「スポーツの奥義は情念を鍛錬することにあって、筋肉を鍛錬するだけのものと思ってはならない」……などなど。

なお、日本着任早々のころのことについては、アメリカ人ホーレス・ウィルソンと混同されているところがあって、ベースボールの日本への紹介者と言われるときもあるのだが、これは言い過ぎというものだろう。


ストレンジ先生の講演の一つを、教え子の武田千代三郎（のちに秋田、山口、山梨、青森の知事を歴任。神宮皇學館長や大阪高商の校長も務める）が書きとめている。彼はそのとき最下級生で、先生のおっしゃる言葉の意味をすべてよく理解したわけではなかったと断りながらも、その内容はおおむね次のようなことだったとしている（したがって、これは武田の言葉であって、ストレンジ先生その人の直接の表現ではないことを承知してお読みいただきたい）。

「運動は人の獣力のみを練るを目的とせず、吾人の知徳を磨かんが為なり。運動は手段にして目的に非《あ》らず、吾人の体躯《たいく》を練るは病を防ぎ寿を保たんが為のみには非らず、期する所はこれ以上に在り。運動場に於《お》ける訓育の、遙《はるか》に教室内に於ける教化に勝るものあればなり」

先生が説かれるところは、いまの言葉で具体的に言えば、こういうことだった。

（1）定刻を厳守せよ。
（2）奮闘努力せよ。負けても、負け惜しみを言うな。
（3）競技は公明正大にやれ。卑怯なことをするな。
（4）審判に服従せよ。人は神に非らず。ときに判定に誤ることもあるが、異議を唱えず、冷静を保て。

（5）プレイを楽しめ。自分より優れた相手を敵視するのではなく、師とせよ。

（6）商品は記念品のみにせよ。

（7）倹約はスポーツマンの第一の信条。他人に憐《あわ》れみ乞《こ》うてまでして贅沢《ぜいたく》をするものではない。

（8）練習は学業の暇《いとま》にせよ。そして、練習場に立ったときには、さっさと練習をして、終わったら速やかに去れ。長く残っても気迫が弛緩《しかん》するだけだ。克己、節制、制欲、忍耐、勇敢、沈着、敏活にして機知縦横、明快にして気宇雄大、これらの気質特性こそ、天がスポーツマンに与える最高のご褒美ではないか。

彼が学生たちに与えたものの大きさは計り知れない。ちょうど、揺籃《ようらん》期のアメリカン・ベースボールに、そのバックボーン（背骨、気骨）としてゲームに公正の気を吹き込んだヘンリー・チャドウィックの存在があったように、日本野球にも、その初期のもっとも重要な時代に、イギリス人のフレデリック・ストレンジ先生を得たことは、その後の野球の発展のためにも、またスポーツ全体の普及にとっても幸運なことだった。

「いくらスポーツをしても、フェアにやらなければ何にもならない」という考えは、のちの一高の学生たちにも、そして、その後の者たちにも伝えられていく。

まさに、そのままにしていまでも通用するスポーツの神髄である。この本質に戻って考えるとき、私たちはいまの学校スポーツ一つにしても、どれほど深く商業主義に染まってしまっているかを思わざるをえない。

そして、その果てのショービジネス化としての「勝利至上主義」のありようにも、思いを致さざるをえない。第二章で紹介したストレンジ先生の言葉を、ここで再び記しておきたい。

「たとえ試合に負けても、威容を正しくして品格を重んじて、巷の売技の徒と同一視されることのないように」

私は、いまこうしてストレンジ先生の説を引き、正しきスポーツ本来の姿に戻ることを主張していることから、あるいは一つの誤解を受けるのかもしれない。つまり私が、若者たちが激しく、限界に挑むまでにスポーツに取り組むことに反対しているととられそうだ

近代スポーツの精神は、学生たちを通じて日本に導入された
（1929年、神宮球場で行なわれた一高対三高戦）

からである。

断言しておくが、私は若者たちが勝利に向けてゲームの時間を徹底して戦うことを否定する者ではない。勝利のために全力を尽くすことは、特に若者たちには必要だとさえ思っている。なぜなら、自分も気づいていなかった能力を知って、新しい自分を発見するのは、そんなときだからだ。試合のときのような、ある種の限界への挑戦という状況であってこそ、それが起こると思うからだ。

何年か前、私は南半球のニューカレドニア島へ行く機会を持った。そのとき、私は初めてカグーという鳥を見た。羽毛はグレーがかった白色、目は真っ赤。鳴き声は小型犬のそれのようで、そして、飛べない。大樹の幹の穴の中に住んでいた。絶滅危惧種とかで、お札にまで印刷されていた。

鳥であるのに、どうして飛べないのか。

以前はもちろん、飛べた。だが、天敵のいないこの島に来て、のうのうと暮らしているうちに、せっかくの能力も衰えて、そんなことになってしまったのだという。

そうしてみると、ライバルとは誠にありがたい存在であって、こちらの能力を最高に高めてくれ、さらに上昇への機会をつくってくれているのだ。

　限界に挑む激しい精進があってこそのことで、その機会を多く持てるスポーツは、この点でもすばらしい。


　スポーツに二面性があることはすでに述べたが、どうせやるのなら、悪い面は避け、よい面でこれと取り組みたい。そのためにはどうすればいいのかは、桑田真澄氏が本書で述べられているところだ。

　当初は、実践派の桑田氏のお話に、理論で私が裏付けを行なうことになればいいとの意図をもってこの対談に臨んだのだったが、最後になってよく考えれば、実践論も裏付け理論も、すべて桑田氏に持っていかれた感がある。

　それもそうだ。氏は現役のころから、投打の両面で活躍された人だった。高校生時代、甲子園では六本もホームランを打っていた。

　かくなるうえは、どうかその卓越した理論をさらに広く進められ、スポーツに志す若者たちへのいい指針を与え続けられますよう、ひたすらお祈りするばかりだ。

あなたの「馬車」が奏でるさわやかで軽快な響きが、各地のスポーツ場で聞かれますよう、期待しています。

桑田真澄（くわた　ますみ）

一九六八年生まれ。野球解説者。PL学園で甲子園通算二〇勝。八六年、読売ジャイアンツに入団。二〇〇七年、ピッツバーグ・パイレーツ入団。〇八年に現役引退後、早稲田大学大学院スポーツ科学研究科を修了。

佐山和夫（さやま　かずお）

一九三六年生まれ。ノンフィクション作家。スポーツ史、日米野球史に造詣が深い。『ベースボールと日本野球』（中公新書）、『野球とアンパン』（講談社現代新書）など著書多数。桑田真澄との対談書に『野球道』（ちくま新書）。

スポーツの品格《ひんかく》

二〇一三年一〇月二二日　第一刷発行

集英社新書〇七一〇B

著者……桑田《くわた》真澄《ますみ》／佐山《さやま》和夫《かずお》

発行者……加藤　潤

発行所……株式会社集英社

東京都千代田区一ツ橋二-五-一〇　郵便番号一〇一-八〇五〇

電話　〇三-三二三〇-六三九一（編集部）
〇三-三二三〇-六三九三（販売部）
〇三-三二三〇-六〇八〇（読者係）

装幀……原　研哉

印刷所……大日本印刷株式会社　凸版印刷株式会社

製本所……加藤製本株式会社

定価はカバーに表示してあります。

ISBN 978-4-08-720710-1 C0275

Printed in Japan

集英社新書　好評既刊

政治・経済――A

魚河岸マグロ経済学　上田武司
移民と現代フランス　ミュリエル・ジョリヴェ
メディア・コントロール　ノーム・チョムスキー
緒方貞子―難民支援の現場から　東野真
アメリカの保守本流　広瀬隆
「憲法九条」国民投票　今井一
「水」戦争の世紀　モード・バーロウ　トニー・クラーク
国連改革　吉田康彦
9・11《ナイン・イレヴン》ジェネレーション　岡崎玲子
朝鮮半島をどう見るか　木村幹
帝国アメリカと日本　武力依存の構造　チャルマーズ・ジョンソン
覇権か、生存か　ノーム・チョムスキー
戦場の現在《いま》　加藤健二郎
著作権とは何か　福井健策
北朝鮮「虚構の経済」　今村弘子
終わらぬ「民族浄化」セルビア・モンテネグロ　木村元彦
韓国のデジタル・デモクラシー　玄武岩
フォトジャーナリスト13人の眼　日本ビジュアル・ジャーナリスト協会編
反日と反中　横山宏章
フランスの外交力　山田文比古
チョムスキー、民意と人権を語る　ノーム・チョムスキー　聞き手・岡崎玲子
人間の安全保障　アマルティア・セン
姜尚中の政治学入門　姜尚中
台湾　したたかな隣人　酒井亨
反戦平和の手帖　喜納昌吉　C・ダグラス・ラミス
日本の外交は国民に何を隠しているのか　河辺一郎
戦争の克服　阿部浩己　鵜飼哲　森巣博
「権力社会」中国と「文化社会」日本　王雲海
「石油の呪縛」と人類　ソニア・シャー
何も起こりはしなかった　ハロルド・ピンター
増補版日朝関係の克服　姜尚中
憲法の力　伊藤真
イランの核問題　テレーズ・デルペシュ

狂気の核武装大国アメリカ　ヘレン・カルディコット
コーカサス 国際関係の十字路　廣瀬陽子
オバマ・ショック　越智道雄／町山智浩
資本主義崩壊の首謀者たち　広瀬　隆
イスラムの怒り　内藤正典
中国の異民族支配　横山宏章
ガンジーの危険な平和憲法案　C・ダグラス・ラミス
リーダーは半歩前を歩け　姜　尚中
邱永漢の「予見力」　玉村豊男
社会主義と個人　笠原清志
「独裁者」との交渉術　明石　康
著作権の世紀　福井健策
メジャーリーグ なぜ「儲かる」　岡田　功
「10年不況」脱却のシナリオ　斎藤精一郎
ルポ 戦場出稼ぎ労働者　安田純平
「事業仕分け」の力　枝野幸男
二酸化炭素温暖化説の崩壊　広瀬　隆

「戦地」に生きる人々　日本ビジュアル・ジャーナリスト協会編
超マクロ展望 世界経済の真実　水野和夫／萱野稔人
TPP亡国論　中野剛志
日本の1/2革命　池上　彰／佐藤賢一
中東民衆革命の真実　田原　牧
「原発」国民投票　今井　一
文化のための追及権　小川明子
グローバル恐慌の真相　中野剛志／柴山桂太
帝国ホテルの流儀　犬丸一郎
中国経済 あやうい本質　浜　矩子
静かなる大恐慌　柴山桂太
闘う区長　保坂展人
対論！ 日本と中国の領土問題　横山宏章／王　雲海
戦争の条件　藤原帰一
金融緩和の罠　藻谷浩介／河野龍太郎／小野善康／萱野稔人
バブルの死角 日本人が損するカラクリ　岩本沙弓
TPP黒い条約　中野剛志・編

集英社新書　好評既刊

社会——B

フィンランド 豊かさのメソッド　堀内都喜子
B級グルメが地方を救う　田村 秀
ファッションの二十世紀　横田一敏
大槻教授の最終抗議　大槻義彦
野菜が壊れる　新留勝行
「裏声」のエロス　高牧 康
悪党の金言　足立倫行
新聞・TVが消える日　猪熊建夫
銃に恋して 武装するアメリカ市民　半沢隆実
代理出産 生殖ビジネスと命の尊厳　大野和基
マルクスの逆襲　三田誠広
ルポ 米国発ブログ革命　池尾伸一
日本の「世界商品」力　嶌 信彦
今日よりよい明日はない　玉村豊男
公平・無料・国営を貫く英国の医療改革　武内和久 竹之下泰志
日本の女帝の物語　橋本 治
食料自給率100%を目ざさない国に未来はない　島﨑治道
自由の壁　鈴木貞美
若き友人たちへ　筑紫哲也
他人と暮らす若者たち　久保田裕之
男はなぜ化粧をしたがるのか　前田和男
オーガニック革命　高城 剛
主婦パート 最大の非正規雇用　本田一成
グーグルに異議あり!　明石昇二郎
モードとエロスと資本　中野香織
子どものケータイ—危険な解放区　下田博次
最前線《フォワード》は蛮族たれ　釜本邦茂
ルポ 在日外国人　髙 賛侑
教えない教え　権藤 博
携帯電磁波の人体影響　矢部 武
イスラム—癒しの知恵　内藤正典
モノ言う中国人　西本紫乃
二畳で豊かに住む　西 和夫

a pilot of wisdom

「オバサン」はなぜ嫌われるか　田中ひかる
新・ムラ論TOKYO　隈研吾／清野由美
原発の闇を暴く　広瀬隆／明石昇二郎
伊藤Pのモヤモヤ仕事術　伊藤隆行
電力と国家　佐高信
愛国と憂国と売国　鈴木邦男
事実婚　新しい愛の形　渡辺淳一
福島第一原発―真相と展望　アーニー・ガンダーセン
没落する文明　萱野稔人／神里達博
人が死なない防災　片田敏孝
イギリスの不思議と謎　金谷展雄
妻と別れたい男たち　三浦展
「最悪」の核施設　六ヶ所再処理工場　小出裕章／渡辺満久／明石昇二郎
ナビゲーション「位置情報」が世界を変える　山本昇
視線がこわい　上野玲
「独裁」入門　香山リカ
吉永小百合、オックスフォード大学で原爆詩を読む　早川敦子

原発ゼロ社会へ！　新エネルギー論　広瀬隆
エリート×アウトロー　世直し対談　堀田力／玄秀盛
自転車が街を変える　秋山岳志
原発、いのち、日本人　浅田次郎／藤原新也ほか
「知」の挑戦　本と新聞の大学Ⅰ　一色清／姜尚中ほか
「知」の挑戦　本と新聞の大学Ⅱ　一色清／姜尚中ほか
東海・東南海・南海　巨大連動地震　高嶋哲夫
千曲川ワインバレー　新しい農業への視点　玉村豊男
教養の力　東大駒場で学ぶこと　斎藤兆史
消されゆくチベット　渡辺一枝
爆笑問題と考える　いじめという怪物　太田光／NHK「探検バクモン」取材班
部長、その恋愛はセクハラです！　牟田和恵
モバイルハウス　三万円で家をつくる　坂口恭平
東海村・村長の「脱原発」論　村上達也／神保哲生
「助けて」と言える国へ　奥田知志／茂木健一郎
わるいやつら　宇都宮健児
ルポ「中国製品」の闇　鈴木譲仁

a pilot of wisdom

a pilot of wisdom

集英社新書　好評既刊

名医が伝える漢方の知恵

丁 宗鐵　0699-I

「体質」を知れば道は拓ける。人生後半に花を咲かせるために何が必要か、漢方医学に基づいてアドバイス。

グラビア美少女の時代 〈ヴィジュアル版〉

細野晋司／鹿島 茂／濱野智史／山下敦弘ほか　030-V

ニッポン雑誌文化の極致「グラビア」の謎と魅力を徹底検証。歴史的写真の数々をオールカラーで収録！

モバイルハウス 三万円で家をつくる

坂口恭平　0701-B

自分の手で「動く家」をつくる！ 土地とは何か、家とは何か。「住む」ことの根源を問うドキュメント。

東海村・村長の「脱原発」論

村上達也／神保哲生　0702-B

日本の原発発祥の地の村長が脱原発に転じた理由とは？ 地方のあり方や廃炉に向けた未来像などを討論。

「助けて」と言える国へ ―人と社会をつなぐ

奥田知志／茂木健一郎　0703-B

我々はこの無縁社会をどう生きるべきだろうか。困窮者支援に奔走する牧師と脳科学者との緊急対話。

冷泉家 八〇〇年の「守る力」

冷泉貴実子　0704-C

藤原俊成・定家を祖とする、京都「和歌の家」冷泉家の第二五代当主夫人が語る「時代に流されない方法」。

司馬遼太郎が描かなかった幕末 ―松陰・龍馬・晋作の実像

一坂太郎　0705-D

司馬作品は、どこまでが史実であり、何が創作なのか？ 名作をひもときながら、幕末・維新史の真相に迫る。

わるいやつら

宇都宮健児　0706-B

ヤミ金、振り込め詐欺、貧困ビジネスなどの手口と対策を、悪質業者を告発し続けてきた弁護士が解説。

ニュートリノでわかる宇宙・素粒子の謎

鈴木厚人　0707-G

ノーベル賞級の発見が目白押しのニュートリノを巡る研究の最前線を、第一人者がわかりやすく語る。

ルポ「中国製品」の闇

鈴木譲仁　0708-B

安全基準が確立されぬまま義歯を乱造する中国。リスクが野放しになっている日中両国の闇に切り込む！